The Development and
Legal Protection of
Non-cultural Heritage Industry

非遗文化产业发展与法治保护

——以绵竹市非遗保护经验为例

程守太
黄春海 主编

法律出版社
LAW PRESS·CHINA
北京

图书在版编目(CIP)数据

非遗文化产业发展与法治保护：以绵竹市非遗保护经验为例 / 程守太，黄春海主编. -- 北京：法律出版社，2022

ISBN 978-7-5197-6349-7

Ⅰ. ①非… Ⅱ. ①程… ②黄… Ⅲ. ①非物质文化遗产-文化产业-法律保护-研究-绵竹 Ⅳ. ①D927.714.216.5

中国版本图书馆 CIP 数据核字(2022)第 007599 号

非遗文化产业发展与法治保护
——以绵竹市非遗保护经验为例
FEI YI WENHUA CHANYE FAZHAN YU FAZHI BAOHU
—YI MIANZHUSHI FEI YI BAOHU JINGYAN WEILI

程守太 黄春海 主编

策划编辑 邢艳萍
责任编辑 邢艳萍
装帧设计 贾丹丹

出版发行 法律出版社
编辑统筹 法律应用出版分社
责任校对 蒋 橙
责任印制 刘晓伟
经 销 新华书店

开本 710 毫米×1000 毫米 1/16
印张 15.25 **字数** 265 千
版本 2022 年 1 月第 1 版
印次 2022 年 1 月第 1 次印刷
印刷 北京建宏印刷有限公司

地址:北京市丰台区莲花池西里 7 号(100073)
网址:www.lawpress.com.cn
投稿邮箱:info@lawpress.com.cn
举报盗版邮箱:jbwq@lawpress.com.cn
销售电话:010-83938349
客服电话:010-83938350
咨询电话:010-63939796

书号:ISBN 978-7-5197-6349-7
定价:58.00 元

编辑委员会

组织编写：绵竹市司法局、泰和泰律师事务所

主　　编：程守太　黄春海

成　　员：程守太　黄春海　唐　竹　曾祥坤　韩芝康
谢执胜　刘茂南　王清荷　施　乔　张裕杭
严国锐　龚浚杰　周　衍

自　序

被誉为中国“四大年画”之一的绵竹木版年画，2006 年被列入第一批国家级非物质文化遗产名录。如何实现对非物质文化遗产的保护与传承，让这样一种特色鲜明且实用性很强的画种在新经济形势下焕发新的活力，政府与民间都在努力探索路径。一方面，对非物质文化遗产的保护体现的是一个民族的民族自信，也是中华文化复兴和重建的力量源泉；另一方面，在确保非物质文化遗产生命力的世界语境下如何探索出中国特色的保护路径，需要多方尝试。

绵竹市在这方面做了很好的尝试。2019 年 8 月 28 日，《德阳市绵竹年画保护条例》经德阳市第八届人民代表大会常务委员会第二十四次会议通过，并于 2019 年 9 月 26 日经四川省第十三届人民代表大会常务委员会第十三次会议批准，自 2020 年 1 月 1 日起施行。《德阳市绵竹年画保护条例》成为全国第一部年画类非遗保护地方性法规。法规的出台及实施，将非物质文化遗产的法律保护与县域经济的发展有机结合起来。

为了拓展非物质文化遗产在新时期的新运用场景，总结可复制、可推广、可促进产业发展的法治保护机制，泰和泰律师事务所接受绵竹市委市政府委托，深入绵竹市调研，在参考域内与域外的理论研究与实践经验的基础上形成本书。希望能为读者完整呈现非物质文化遗产保护路径，以及非物质文化遗产保护与经济发展结合的方向与远景。

如有遗漏或不当之处，敬请读者批评指正！

目　录

第一章　非物质文化遗产保护概述

一、保护非物质文化遗产概念的形成

人类的发展史有近百万年。人类文明的历史，以苏美尔和美索不达米亚两河文明为开端，也有近7000年。在漫长的人类文明历史长河中，积淀下了无数闪耀着人类智慧精华的文化成果。其中，非物质文化遗产以其鲜明的民族精神特点和地域特点，成为人类文明发展史的重要见证，被称为“活着的历史”①。

对非物质文化遗产的关注与重视，是近30年才开始的。1989年联合国教科文组织通过的《保护传统和民间文化的建议案》首次提出了“民间传统文化”的概念。1998年联合国教科文组织审议通过了《“人类口头和非物质遗产代表作宣布计

① 李书文:《文化产业化的战略问题》，载《软科学》2004年第2期。

划”条例》提出了“人类口头和非物质遗产”的概念。2001 年,联合国教科文组织开展了“人类口述和非物质遗产代表作”的申报与评价,开始使用“非物质遗产”的提法。2003 年 10 月 17 日,联合国教科文组织第三十二届大会上通过了《保护非物质文化遗产公约》,“非物质文化遗产”这个概念得以确立,并为世界各国所广泛接受和使用。

《保护非物质文化遗产公约》对非物质文化遗产的定义是,被各社区、群体,有时是个人,视为其文化遗产组成部分的各种社会实践、观念表述、表现形式、知识、技能以及相关的工具、实物、手工艺品和文化场所。这种非物质文化遗产世代相传,在各社区和群体适应周围环境以及与自然和历史的互动中,被不断地再创造,为这些社区和群体提供认同感和持续感,从而增强对文化多样性和人类创造力的尊重。在本公约中,只考虑符合现有的国际人权文件,各社区、群体和个人之间相互尊重的需要和顺应可持续发展的非物质文化遗产。非物质文化遗产包括口头传统和表现形式,包括:作为非物质文化遗产媒介的语言;表演艺术;社会实践、仪式、节庆活动;有关自然界和宇宙的知识和实践;传统手工艺。

截至 2018 年 5 月,《保护非物质文化遗产公约》的缔约方有 178 个国家和地区,有 584 个非物质文化遗产项目被收入联合国非物质文化遗产名录。中国于 2004 年加入《保护非物质文化遗产公约》。截至 2020 年 12 月,中国列入联合国教科文组织非物质文化遗产名录(名册)项目共计 42 项,总数位居世界第一。其中,人类非物质文化遗产代表作 34 项(含昆曲、古琴艺术、新疆维吾尔木卡姆艺术和蒙古族长调民歌);亟须保护的非物质文化遗产名录 7 项;优秀实践名册 1 项。42 个项目的入选,体现了中国日益提高的履约能力和非物质文化遗产保护水平，对于增强遗产实践社区、群体和个人的认同感和自豪感，激发传承保护的自觉性和积极性，在国际层面宣传和弘扬博大精深的中华文化、中国精神和中国智慧，都具有重要意义。

《保护非物质文化遗产公约》也要求各缔约方应根据自己的情况拟订非物质文化遗产清单。中国为了履行《保护非物质文化遗产公约》缔约义务，于 2011 年 2 月 25 日颁布了《非物质文化遗产法》，建立了国家级非物质文化遗产名录。《非物质文化遗产法》第 3 条规定，国家对非物质文化遗产采取认定、记录、建档等措施予以保存，对体现中华民族优秀传统文化，具有历史、文学、艺术、科学价值的非物质文化遗产采取传承、传播等措施予以保护。国务院先后于 2006 年、2008 年、2011 年、2014 年和 2021 年公布了五批国家级项目名录（前三批名录名称为“国家级非物质文化遗产名录”，《非物质文化遗产法》实施后，第四批名录名称改为“国家级非物质文化遗产代表性项目名录”），共计 1557 个国家级非物质文化遗产代表性项目，按照申报地区或单位进行逐一统计，共计 3610 个子项。为了对传承于不同区域或不同社区、群体持有的同一项非物质文化遗产项目进行确认和保护，从第二批国家级项目名录开始，设立了扩展项目名录。扩展项目与此前已列入国家级非物质文化遗产名录的同名项目共用一个项目编号，但项目特征、传承状况存在差异，保护单位也不同。

国家级名录将非物质文化遗产分为十大门类，其中五个门类的名称在 2008 年有所调整，并沿用至今。十大门类分别为民间文学、传统音乐、传统舞蹈、传统戏剧、曲艺、传统体育、游艺与杂技、传统美术、传统技艺、传统医药、民俗。每个代表性项目都有一个专属的项目编号。①

二、非物质文化遗产的特点

保护非物质文化遗产的理念是联合国教科文组织通过缔结公约的方式确立和推动起来的,既体现了人类社会对不同民族、不同族群的精神和文化传统的尊重,也是保护和发展文化多样性的重要举措。

非物质文化遗产通常被简称为非遗或非遗文化,是人类文明与智慧的结晶,在弘扬和传播民族文化方面有着重要作用。我国《非物质文化遗产法》采纳了《保护非物质文化遗产公约》对非物质文化遗产的定义,是指个人或者群体在社会生活中所呈现出来的具有文化属性的经验总结、手工艺、实物、知识、技能等。非物质文化遗产的内容不限于一定的形式或者工具,可以是流传至今的舞蹈、习俗、唱法、刺绣、技艺等,只要具有文化属性与非物质形态特征,均有可能成为非物质文化遗产。非物质文化遗产包括口头文学、传统美术、杂技、歌谣、舞蹈、医药、民俗等,可分为语言类、民俗类、艺术类、体育类和其他。

(一)无形性

非物质文化遗产是人类社会和文化演进的体现。与物质文化遗产相比,它是无形的,或仅是通过实际载体加以呈现的精神、思想、符号、技艺等非物质化的文化内容。因此,非物质文化遗产是无形文化遗产。这种无形的文化内容也需要通过有形载体来呈现或展示。对此,长安大学的刘程程在其硕士论文中有个较为生动

① 参见《国家级非物质文化遗产代表性项目名录》,载中国非物质文化遗产网 2021 年 9 月 30 日,http://www.ihchina.cn/project.html。

的比喻，比如，“胸有成竹”就是以大脑材料为载体的“竹”；“手中有竹”就是以实现表达的物质材料为载体的“竹”。但是由于在以大脑材料为载体的情况下，信息不具有具体的形式特征，从文化的角度看属于“无”的境界，所以还不能构成客观外在的“文化”，因此文化需要载体来表现，非物质文化遗产需要外在载体来表现。民间音乐、舞蹈以及民俗礼仪就是最为典型并且具有广泛认知度的载体形式。①

（二）传承性

流传至今的人类非物质文化遗产，都不是从其出现后就一成不变的，而是经过一代又一代的传承，在传承的基础上不断创新发展，从而形成了目前的样态。这既是文化发展的自然规律，也是任何事物发展的普遍规律。非物质文化遗产可能因继承者的继承发展和社会的广泛关注而得到更好的保存和发展，也可能因无人继承或继承者懈怠而逐渐消亡。非物质文化遗产是通过人们的口口相传或民间手工艺传承等传统方式来继承和发展的，高度依赖民间的记忆和传习。在机器大工业时代和高度发达的商业时代，传统手工艺因为产量低，不能标准化量产，难以和工业产品相竞争，逐步被市场淘汰。这种现象在我国的漆器、锦绣等传统手工艺中表现得尤为明显。民间文学艺术，如我国的各个地方戏剧，曲艺杂技等，也面临着与传统手工艺相同的窘境。非遗文化传承性的特点，既是其优点，也是造成其保护和发展困难的最大问题所在。

（三）地域性

非物质文化遗产具有强烈的地域和族群特点。人类社会在进

---

① 参见刘程程：《非物质文化遗产的知识产权保护研究》，长安大学 2015 年硕士学位论文，第 5 页。

入近现代以前,受交通条件和自然条件的限制,不同族群和民族间的交往是相对有限的,世界总体还处于地域分割之中。因此,非物质文化遗产的形成和发展,都和特定地域的族群的生产生活条件、习惯以及其自然、人文环境密切相关,体现出非常鲜明的地域和族群特色。虽然不同族群之间的文化也存在相互交流融合的情况,但总体来说,风俗和文化的形成还是深受地区的社会环境影响,故其地域性特点是无法消除的。

三、非物质文化遗产的价值

(一)非物质文化遗产的科学价值

1.非物质文化遗产有助于了解历史

传承着过去绚烂历史的非物质文化遗产,是人类珍贵的历史财富,是最浓缩的民族特色,可以帮助我们更好地认识和了解历史。非物质文化遗产和人类其他历史遗址、遗迹等一样,其产生都必定在一定的历史条件和民族特点之下。通过它们,我们可以了解到在某个特定的历史时期内人类的生产结构和生产力发展水平、风俗禁忌等,具有珍贵的历史价值。[①]

如年画,在我国已有两千多年的历史,是广泛流行于民间的传统习俗文化,具有祈求吉祥,辟邪驱灾的寓意。据《汉书·广川王传》中记载:“其殿门有成庆画,短衣大袴长剑。”门上刻画武士出现在汉墓石刻像中,这也许就是传说中的门神了。清朝末年,民族危机十分严重,在康有为、梁启超的戊戌变法后,民间的“改良年画”便应运而生,这反映了人民对社会进步、生活安全的渴望。在近

① 参见杨雯等:《非物质文化遗产中的档案化保护》,载《机电兵船档案》2018年第3期。

代，还有如《女子爱国》《女子求学》《小儿怒》《天津北仓义和团大破洋兵》等，都体现了当时特定的历史革命、社会动乱时期的社会现象和思想观念，增添了当时为了唤醒民众、呼吁爱国救国的新时代内容。①

世界各国都有自己的民间传说，记载和表达了人们对自己族群的起源、对自己遥远祖先的想象，并世代流传。民间传说因为缺乏史料依据，且大都含有神怪等虚构想象，不能作为历史研究的证据，但却不能否定其具有的历史价值。民间传说往往是在一定的真实历史事件或自然现象基础上，经过虚构和想象而形成演绎化的传说，其中包含不乏重要的历史信息，可以作为历史研究的素材。如古希腊的《荷马史诗》和我国的《孟姜女哭长城》《格萨尔王传》等，都包含丰富的历史信息。因此，从历史价值来看，非物质文化遗产是不同阶段历史文化精髓的积累，充分保存和展示了其所属地域的历史文化内涵。通过对世代传承的非物质文化遗产进行深入地探索，人们可以更加全面地了解祖先们过去的生活和文化。

2. 非物质文化遗产有助于科学研究

非物质文化遗产类型多样，项目数量庞大，既涉及手工艺技术，也涉及民间文学艺术，还涉及民俗文化，是当之无愧的人类文化宝库，值得后世深入研究。

比如，对景德镇手工制瓷技艺、宜兴紫砂陶制作技艺、黎族原始制陶技艺等传统手工艺类非物质文化遗产的研究，不仅可以获得相应的历史文化信息，也可以从陶瓷制作工艺技术形成和发展

① 参见王珊珊：《我国非物质文化遗产保护问题研究》，齐鲁工业大学 2014 年硕士学位论文，第 12 页。

脉络中梳理出人们认知和利用自然资源的规律，对现代制陶技术也具有启发作用。

又如，对杨柳青木版年画、桃花坞木版年画、绵竹年画等美术类非物质文化遗产的研究，有助于了解中华民族审美情趣和艺术价值的形成和流变。在民间音乐类别，像左权开花调、河曲民歌、蒙古族长调民歌等，也都具有浓郁的地方文化特色和极高的音乐文化演变的研究价值。

而在传统的医学领域，对中医生命与疾病认知方法、中医诊法、中药炮制技术、传统医药等中医类非物质文化遗产，更加具有现实的科学研究价值和意义。通过现代科学的研究方法和研究手段，发现和揭示传统中医医药中的科学原理，并使其发扬光大，这不仅是将非物质文化遗产造福于国人，也是对人类社会的重大贡献。

（二）非物质文化遗产的社会价值

非物质文化遗产是历史的产物，因此其具有显著的历史价值。非物质文化遗产本质上是一种文化，故文化价值才是其根本价值，也是其核心价值。非物质文化遗产记录了特定族群的历史文化传承轨迹，蕴含了这个族群的共同文化基因，构成了这个族群共同的族群性格特征。因此，通过研究族群的非物质文化遗产，有助于更全面地了解这个族群的性格特点。

（三）非物质文化遗产的经济价值

非物质文化遗产在当代社会生活中，已不再是人们生活的主要方式或内容，无论是文学艺术类还是传统手工艺类的非物质文化遗产，它们更多的都是作为国家社会抢救和保护的对象，为后世子孙留存先辈创造出来的灿烂文化。也就是说，当前的非物质文化遗产通常并不是作为一类经济活动而存在的，故其难以体现出直接的经济价值。

随着国际交流的加深,世界变得“越来越小”,“地球村”的概念逐步普及,人们会更多地反思自己,追寻自己的出处,探寻自己与他人不同的文化基因是如何形成的。同时,也会有更多的人对与自己所处文化完全不同的内容表现出浓厚的兴趣,希望去了解和感受“不一样”的文化。这种现象,催生了文化旅游市场。非物质文化遗产产业借助文化旅游的“东风”,在近年来有了蓬勃的发展,这又反过来促进了传统文化的复兴。国学汉服等文化热点现象的出现,就是非物质文化遗产作为一种文化现象和经济现象取得良好发展的最好证明。

2014 年 10 月已建成开放的济南非物质文化遗产博览园,是山东省济南市重点建设项目,占地 974 亩,有八个功能区:“民间传说区”“神秘文化区”“民间手工艺区”等,是将非物质文化遗产融入旅游经济的较为典型的案例,这也是非物质文化遗产经济价值的体现。

四、非物质文化遗产保护的域外经验

(一)世界知识产权组织和联合国教科文组织保护措施

世界知识产权组织和联合国教科文组织共同致力于促进非物质文化遗产以保护人类文化多样性和知识产权。1976 年,世界知识产权组织在与联合国教科文组织进行沟通后,颁布了《突尼斯版权示范法》来试图规范民间文化艺术领域的保护问题。但《突尼斯版权示范法》将“民间文学艺术”等同于“民间文学艺术作品”,给予著作权法保护。此保护模式影响了一些发展中国家,也对我国相关学术研究以及立法草案产生了较大的影响。因该模式损害了版权法基本原则而备受批评,并未产生实效。①

1982 年,世界知识产权组织与联合国教科文组织共同颁布的《保护民间文学艺术表达免被滥用国内立法示范法》要求利用民俗文化进行一些营利行为时,只有征得有关政府部门或授权组织的同意,方可进行这些营利行为。使用民俗文化时,除事先征得同意外,还必须缴纳一些必要的费用。这部分费用用于保护国家的传统文化,使其能够继续发展。

1997 年,世界知识产权组织与联合国教科文组织再次合作,经过几年的研究和讨论,2000 年,世界知识产权组织成立了"知识产权与遗传资源、传统知识和民间文学艺术政府间委员会(IGC)",以促进非物质文化遗产保护的国际合作。

2003 年,联合国教科文组织颁布了《保护非物质文化遗产国际公约》,我国于 2004 年加入该公约。2007 年 12 月,世界知识产权组织通过了《传统知识保护修正案》,其中包括 10 项基本原则、14 项本体原则和 16 项方向目标,并对这些基本原则的含义、保护对象和保护方式等进行了明确说明。其政策目标是承认价值,增加尊重,满足传统知识持有者的实际需求,促进传统知识的保存和保护,遏制不当和不公平使用,促进公平利益分享。

(二)美国的民间文化保护

1976 年,美国国会通过了《民俗保护法案》,认为美国民俗所固有的多样性对丰富国家的文化做出了巨大贡献,并培育了美国人民的个性和特性,美国民俗对美国人民的思想、信仰、观念和性格的形成有着根本性的影响;还指出,保存、支持、复兴并传播美国民

① 参见廖冰冰:《民间文学艺术概念及法例评析——以 1976 年〈突尼斯版权示范法〉为对象》,载《社会科学家》2015 年第 3 期。

俗的传统和艺术是美国民众的全体利益所在。法案鼓励并支持美国民俗,认为这是联邦政府的应尽之责。在《民俗保护法案》中,将风俗、信仰、技巧、语言、文学、艺术、建筑、音乐、游戏、舞蹈、戏剧、宗教仪式、庆典、手工艺等,以及在美国境内各群体所持有的家族的、种族的、职业的、宗教的和地域的表现文化,均定义为美国民俗,都纳入《民俗保护法案》的保护之列。根据《民俗保护法案》,美国国会图书馆(Library of Congress)中建立了美国民俗中心,将其认可的民间传统资料纳入图书馆数据库,为保存、展示和研究美国民俗提供了方便。①

美国对非遗文化的保护,采取了与世界各国迥异的道路。美国作为联合国核心成员国,却未加入《保护非物质文化遗产公约》,也未制定和颁布类似"非物质文化遗产保护法"一类的法律。但这并不意味着美国不重视非物质文化遗产,相反,美国形成了美国国会图书馆、美国国家艺术基金(National Endowment for the Arts)、史密森尼学会(Smithsonian Institute)三个不同性质的机构,共同服务于文化遗产的保护。

美国国家艺术基金从 1982 年起设立国家遗产奖(National Heritage Awards),1994 年起改为国家遗产奖助金(National Heritage Fellowships),支持国内广义上的民俗传统、文化艺术,鼓励人们为国家传统艺术遗产做贡献。

史密森尼学会下属的民俗与文化遗产中心,以举办享誉世界的国际民俗文化节——史密森尼民俗节(Smithsonian FolkliFe Festival)而著称,直接负责和参与组织美国,且不限于美国的文化

① 参见顾军、苑利:《美国文化及自然遗产保护的历史与经验》,载《西北民族研究》2005 年第 3 期。

遗产工作。为了直接地传播民俗、展现民众生活,史密森尼民俗与文化遗产中心策划组织了一年一度的史密森尼民俗节。民俗节以“民俗”为名,实际包含了几乎全世界的文化遗产样态类型,也使它承担了传播各个国家和各族群文化的功能。在民俗节上,有来自全世界的两三万名音乐家、艺术家、表演艺术家、手工艺人、工人、厨师、民间故事讲演者展示过他们的技能、知识以及审美,体现了其所在群体的特定传统和创造活力。2014 年的民俗节成功举办了为期两周、主题为“中国:传统与生活的艺术”的活动。来自中国 15 个省、市的 8 项舞台表演节目和 16 种手工艺在民俗节上得以展现。这是中国民俗文化首次以如此大规模、长时间、体系较完整地呈现在美国观众面前。除了有汉族的浙江婺剧团、福建泉州木偶剧团表演,还有苗族、侗族、羌族、藏族、蒙古族等少数民族艺术表演,为美国民众打开了一扇看中国的别样窗口,吸引了近百万名观众。①

(三)非洲地区国家及知识产权组织的保护措施

由于非洲大陆历史悠久,种族众多,非物质文化遗产内容十分丰富。阿尔及利亚 1998 年《文化遗产保护法第 98 - 04 号》第四章涉及非物质文化遗产的保护。此外,建立非物质文化遗产数据库,建立文化遗产名录。中非大区 2006 年颁布了中非共和国《文化宪章第 06.002 号》,对部分非物质文化遗产的范围进行了说明。毛里求斯于 2004 年 1 月开始实施《非物质文化遗产保护法》。南非《关于保护国内非物质文化遗产的法律意见草案》规定,国内非物质文化遗产资源需要确定范围,所有与非物质文化遗产相关的资源都应纳入保护范围。

---

① 参见高舒:《美国文化遗产保护机制中的“半官方”角色——兼议“史密森尼学会”与“民办公助”运行模式》,载《中国艺术时空》2019 年第 5 期。

非洲区域知识产权组织在2006年11月的第十三次会议上发布了《保护传统知识和民间文学艺术表现形式的法律规定》。该规定列出了大部分非物质文化遗产继承人的权利,继承人的权利范围很广,他们可以采取措施禁止本条例中描述的侵权行为。一些盲目、肆意使用非物质文化遗产甚至抄袭的行为也将被继承人禁止。该规定要求非物质文化遗产需要更全面地向政府备案。对未经继承人同意擅自传播使用非物质文化遗产的行为,规定赋予非物质文化遗产继承人禁止权和起诉权。继承人同意行为人使用非物质文化遗产的,需要事先签订非物质文化遗产归属使用合同。[①]

(四)澳大利亚土著文化知识产权保护

澳大利亚具有特点鲜明的土著文化,政府也特别重视对土著文化的法律保护,主要是通过知识产权法、文化遗产法及国际法进行保护。通过知识产权法来保护土著文化是澳大利亚的主要做法,但现行的知识产权法对土著文化和知识财产的重视和保护是有限的。以著作权保护来说,土著艺术家的作品可能在原创性、物质形式、可以确认的作者等方面满足不了著作权法的要求;著作权法对土著文化遗产中秘密的和神圣的事物没有特别的保护;土著口头材料的表演没有受到著作权法的保护;土著社区对文化产品没有归属权,即使这些作品是他们文化遗产不可分割的一部分;著作权是有时效性的,而依据土著的法律,它们的文化是永恒的。

文化遗产法是澳大利亚对土著文化遗产进行保护的另一主要法律工具。但也存在保护不充分的问题,比如,法律规定文化遗产的所有权往往归属政府部门而不是相应的土著社区;文化遗产法

① 参见刘程程:《非物质文化遗产的知识产权保护研究》,长安大学2015年硕士学位论文,第17页。

保护的主要是有形的文化遗产，如特别的区域、物体和地点，而重要遗址的无形的方面，如相关的故事、歌曲和远古时代的痕迹等却没有得到保护；保护的重点往往是过去的遗产，而不是活着的遗产；对土著文化遗产的保护往往强调的是其科学价值和历史价值，而忽视了其文化价值和精神价值。

一个专门的研究小组针对澳大利亚法律对土著文化知识产权保护的局限，提出应该从法律、行政、政策规范和教育等层面改善对土著文化的知识产权保护机制。法律建设方面，一是完善现行的法律，即在承认土著法律实体存在（习惯法）的前提下，提供土著文化和知识财产权保护的相关条款，法律的完善以授权给土著人为目标。二是建立一个特殊的自成一格的用于保护土著文化和知识财产权的立法框架。行政层面的改进主要包括收集系统的建立、协议下的谈判权的授予、文化基础设施的建设等内容。政策规范和教育层面的改进，主要包括一系列政策的建立、道德规范的建立、新技术指导方针的建立以及土著知识产权意识的提高等。[①]

（五）印度传统文化的知识产权保护

印度是四大文明古国之一，有着丰富的历史文化，其中瑜伽和印度草医药对世界影响尤大。印度对其传统文化的保护主要体现在对传统医药的专利保护方面。印度科学和工业研究委员会与科技部和印度草药医学、物理疗法、顺势疗法部门，健康和家庭福利部共同建设了“传统知识数字化图书馆”，收录了有关传统药物和瑜伽修炼方法的传统知识，包括 54 部官方传统草药著作，15 万种传统药物和超过 1500 种有 5000 年历史的瑜伽修炼方法。传统知

---

① 参见索晓霞、杨明芳：《澳大利亚土著文化知识产权的保护》，载《江汉论坛》2010 年第 10 期。

识数字化图书馆对印度的传统知识保护的意义重大，有助于印度持续利用古代的技术发展其医药和医疗科技。有了传统知识数字化图书馆的数据支持，印度得以通过修改专利法，将专利申请中窃取使用传统文化遗产的申请排除出专利保护范围，有效保护了本国传统文化的权益。[①]

从以上各国和组织保护非物质文化遗产所采用的不同模式来看，保护的主要方式是通过知识产权立法或修法，还有保护非物质文化遗产的专门立法，以及通过政策、行政、民间组织等多种方式开展对本国、本民族的传统文化遗产的保护和发展。通过知识产权法律对非物质文化遗产进行保护，涉及专利法、商标法、著作权法等不同知识产权部门法的综合运用。域外的非物质文化遗产知识产权保护经验，对我国研究和制定具有中国特色，符合中国国情的非物质文化遗产保护法律制度具有重要的借鉴价值。

---

① 参见张华敏等：《印度传统知识保护现状及其启示》，载《中国医药导报》2008年第32期。

第二章　我国非物质文化遗产产业概况

2019 年 12 月，中国产业研究院发布了《2020－2025 年中国非物质文化遗产行业发展深度调研与投资趋势预测研究报告》，该报告显示，仅对中国非物质文化遗产产品产业的核心层进行相应的规模分析，2018 年中国非物质文化遗产产业规模保守估计为 1.4 万亿元。在市场经济的运行模式下，非物质文化遗产具有了资源的生产要素价值，显现出巨大的经济潜力和商业价值。非物质文化遗产还具有其他资源不具备的优势，如不可复制性、唯一性以及稀缺性，这些优势使非物质文化遗产经济价值的挖掘潜力巨大，未来将成为地方政府发展特色产业的强大内驱力。①

① 《2020－2025 年中国非物质文化遗产行业发展深度调研与投资趋势预测研究报告》，载中国产业研究院网 2021 年 10 月 5 日，https://m. chinairn. com/report/20191225/085507971. html?id = 1742333&name = haochenchong。

一、苗绣文化产业概况

苗族作为我国少数民族之一，历史悠久，人口众多。苗族在历史上进行过大规模的迁徙活动，其人口分布以贵州省为中心，在湖南、云南、重庆、广西、四川等省、市均有分布。贵州省黔东南苗族侗族自治州的苗族民族手工艺品丰富多彩，以苗绣、苗银、蜡染为主。苗绣被誉为“以线为墨书写的苗族千年史诗”，于2006年就列入第一批国家级非物质文化遗产名录，是苗族民间刺绣技艺、苗族文化传承的重要载体。习近平总书记也评价苗绣为传统的也是时尚的，一针一线绣出来，何其精彩！

根据杨胜锋先生在其《浅析黔东南苗绣产业发展现状》中的研究，黔东南苗绣产业发展，以刺绣村开发为主要模式，通过在各县的苗族村寨设立刺绣培训点、培训班、培训站，组织当地妇女集中参加刺绣专业培训，逐渐形成了政府扶持、妇联组织、当地妇女参与的专业刺绣村开发模式。据黔东南旅游局统计资料统计，早在2000年，黔东南苗族侗族自治州就建立了施秉县双井村、剑河县观么村、榕江县本里村等18个刺绣专业村，共培训专业绣娘1173人。为了扩大生产规模，出现了半机械半手工或多家作坊共同生产大批量产品的合作化生产模式。随着产品销量的进一步增加，黔东南苗绣产业开始逐渐出现公司化经营模式，引入现代公司理念，以市场为导向，进行流水线机械化生产，且越来越重视产品的设计研发和品牌保护。通过与国际知名品牌爱马仕的交流与合作，黔东南苗绣企业太阳鼓公司设计出Auspicious“瑞兽之书”系列针线包，亮相米兰设计周，并与爱马仕上海贸易公司签署了5年的订购协议，将苗绣产品推向了国际市场。此外，苗绣企业还与高校和研究机构开展产学研合作，设立苗绣研发中心，建立苗绣创客空间、苗绣研修培训基地、民族技术文化教育实训基地、苗绣技术教育传承基地。

虽然黔东南苗绣具备了一定的产业化规模，但在杨胜锋先生看来，黔东南苗绣产业发展还存在产业化力度不足、市场细分不明确，中端市场缺乏、市场价格混乱，中间商哄抬物价牟取暴利、生产机制畸形，过度倚重机械化生产，以及苗绣文化资本化过程缺乏文化智能资源等问题，导致苗绣在高中低端市场中发展失衡，迷失产业发展方向。①

黔东南台江县在苗绣产业化发展中有自己的亮点。台江县政府利用当地特色传统文化资源，发展文化旅游产业，打造世界苗族街道。通过整合部分苗绣工匠和一些苗绣小作坊，采取集团化发展战略。推行母亲制造、三女修炼、星光工程等多个项目来培养绣娘，提高苗绣技艺，丰富苗绣产品种类。台江县政府围绕苗绣非物质文化遗产产业，实施了“锦绣计划”，发展“指尖经济”，2014 年该县苗绣民族手工艺品企业产值达到了 1.4 亿元。2016 年，该县新增 46 家苗绣小微企业及作坊，带动新增就业 5200 余人，年产值达 3.5 亿元。截至 2019 年，全县共有 235 家刺绣类小微企业、350 家合作社、683 家个体户，先后培育 20 家民族手工艺品龙头企业，共计带动 25,273 名苗族女性的就业，当年实现销售收入 22,400 万元，利润 8720 万元，实现人年均增收 2836 元。实现了“指尖技艺”向“指尖经济”的转变。

二、潍坊风筝文化产业概况

与苗绣一样，潍坊风筝也有悠久的历史。潍坊风筝会被联合

① 参见杨胜锋：《浅析黔东南苗绣产业发展现状》，载《今传媒》2018 年第 7 期。

国教科文民间艺术组织列入2005年非物质文化遗产及民间艺术保护工程。2006年5月，潍坊风筝制作工艺被列入国家非物质文化遗产名录，成为第一批国家级非物质文化遗产。自1984年开始，每年举办的潍坊国际风筝会，都会吸引来自美国、澳大利亚、新西兰等多个国家和地区的上百支参赛队伍，其已发展成为一个集体育、文化、经济于一体的地方性民间体育文化节庆活动。潍坊市也因此被称为“世界风筝之都”。

改革开放以来，潍坊风筝产业得到迅猛发展。潍坊风筝的制作技术和生产方式也在不断进步，已由传统的家庭手工作坊生产发展到工业化大规模生产。潍坊也形成了完整的风筝产供销产业链，现有规模较大、制作技艺成熟的风筝制造企业达350多家，风筝产业人员达5万余人，全国的市场占有率约为85%，每年的销售额达15亿元。[①] 潍坊风筝制造业主要集中在杨家埠和王村，其中王村风筝产业链较为完善。

潍坊风筝在产业化发展的同时，也存在传统风筝制作技艺传承的困境，掌握传统风筝制作技艺的艺人在减少，年轻一辈不愿意继承和学习祖辈传承下来的风筝技艺。由于品牌意识缺乏，潍坊风筝实行薄利多销策略，难以取得合理的品牌溢价，在一定程度上阻碍了风筝产业的发展。

三、天津杨柳青年画产业概况

天津杨柳青年画出现在元末明初，至今已有近六百年历史，也是2006年第一批入选国家级非物质文化遗产名录的传统文化。

① 参见韩婕、吴美珍：《潍坊风筝产业发展现状分析——以非物质文化遗产视角》，载《今日财富》2019年第23期。

古人把敬门神作为一种生活礼仪，故而赋予年画更多的精神内涵，现代人则把年画视为节日的象征，以烘托节日气氛。因而，有学者认为，传统意义上的年画已经失去了它的生存价值。①

当前，杨柳青年画的生存和发展也依托旅游业的发展，尚未形成自己独立的产业生态体系。但天津是一个旅游资源相对缺乏的城市，对年画产业的带动作用不够明显。作为杨柳青年画发源地的杨柳青镇，地处天津市西青区，相对天津市其他区来说，旅游业要发达一些。西青区目前有国家4A级景区6个，3A级景区5个，2A级景区4个，国家休闲农业乡村旅游示范点2个，国家农业旅游示范点3个，乡村旅游特色点12个，每年能吸引游客数百万人次。

杨柳青年画题材广泛，内容丰富，构图饱满，寓意吉祥，雅俗共赏，被公推为中国民间木版年画之首，是中国年画艺术的代表。截至2009年，杨柳青镇有近50家年画作坊，60多家年画店铺，有700多人从事年画的制作与销售，年营业额突破1000万元，初步形成杨柳青年画制作销售的产业链。据统计，杨柳青画社保存古版6508块，其中：完整可印制的画版1305种，计5643块；散版865块。保存自明代以后的彩色年画700种，计4056件；线描坯子2018种，计6808件；完整保留了天津杨柳青木版年画勾、刻、印、绘、裱的传统工艺。杨柳青画社还培养了近200名专业艺术工人和创作人员，使杨柳青年画独特的风格得到传承和发展。

四、苏州桃花坞木版年画产业概况

桃花坞年画是江南民间木版年画。与河南朱仙镇、天津杨柳青、山东潍坊杨家埠、四川绵竹等地的木版年画并称为中国民间木

① 参见张丽：《杨柳青年画的保护和发展研究》，载《大众文艺》2017年第6期。

版年画五强，也是2006年被列入第一批国家级非物质文化遗产名录的传统文化。

桃花坞年画与杨柳青年画并称为“南桃北柳”，其创作技法更接近绘画，并受欧洲版画的影响，采用线画法、透视和阴影来加以表现，具有鲜明的艺术特色。桃花坞年画在清乾隆时期达到了鼎盛，彼时的姑苏城有50多家画铺，年产版画百万幅以上，行销江浙皖赣鄂鲁豫等地，甚至远销日本、南洋，对日本浮世绘版画风格的形成产生了深远的影响。

桃花坞年画同样深受现代工商业追求效率的影响，出现市场萎缩，年画创作人员匮乏的问题。据调查，在2018年，苏州桃花坞木版年画店或机构数量不超过10家，家庭作坊的传统经营方式已经消失。现今的桃花坞年画作为苏州工艺美院的一个常设专业，通过教学和艺术收藏品、旅游纪念品的开发制作相结合的方式，担负起了传承非物质文化遗产的使命。

五、绵竹年画产业概况

绵竹年画于2006年被列入第一批国家级非物质文化遗产名录，其生存环境和面临的困难，与前述杨柳青年画、桃花坞年画等非物质文化遗产无异，也需要接受现代商品经济的筛选，经受消费者的检验。绵竹年画成功申遗后，绵竹市九龙镇棚花村和孝德镇射箭台村，不约而同地以年画为主题，发展乡村旅游，在农家小院墙壁上画上色彩丰富的年画，以吸引游客。在此基础上，当地政府和村社积极组织民间艺人，开发制作绵竹年画，销售给游客，逐渐打出了年画村的品牌。

2008年的“5·12”汶川地震，对绵竹市城乡建设造成了严重损害。当地政府在规划灾后重建时，将孝德镇射箭台村确定为绵竹年画村，其后又并入原大乘村。现年画村总面积为5.1平方千米。年画村景区核心区域1750亩，是一处以乡村旅游、年画商品生产、加工基地建设为主，结合新农村建设的精品型乡村民间工艺文化旅游景区。年画村现已是国家4A级旅游景区，有农家乐40多处，可同时接待游客4000余人。村中有年画作坊、年画展示销售中心、年画培训教室、老艺人工作教室、年画传习所等专门经营绵竹年画，传承绵竹年画技艺的组织和机构。

截至2019年，绵竹市共有年画商家39家，从事年画工艺人员约600余人，年产值达5000余万元。年画产品、作品行销国内30多个省、市。围绕年画主题，建设了年画村，年画博物馆，并组建了行业协会。年画数字档案馆正在建设中，拟用现代科技手段，把传统的年画实物资料等转换为数据资料，将这一特色鲜明的非物质文化遗产以数字形式做好记录，为后人留下珍贵的文化遗产。

绵竹年画正处于产业化初期，作为旅游经济的伴生物或催化剂，尚未形成独立发展的产业生态。通过服务于乡村旅游，贴近消费者需求进行旅游商品的设计开发，对于绵竹年画技艺的传承至关重要。非物质文化遗产只有寻找到生存空间，保证不消亡，才有后续发展和复兴的机会。绵竹年画村的实践提供了一个将非物质文化遗产根植于大众生活和消费场景的新样本，为非物质文化遗产传承和保护提供了一种新选择和新思路。

第三章 非物质文化遗产的知识产权保护困境

一、非物质文化遗产法律保护的必要性及模式选择

（一）非物质文化遗产保护的现实困境

非物质文化遗产是在社会的变迁与发展过程中形成的，随着时代的发展，通过非物质文化遗产传承人的传承及创新，使其具有不同时代的特性和丰富的文化内涵，部分非物质文化遗产还可以发挥直接的经济效益。非物质文化遗产不仅是各社区、群体或个人的资产，还是各个国家重要的文化资源，随着经济全球化及科技的高速发展，非物质文化遗产的保护面临着前所未有的挑战。例如，非物质文化遗产的传承出现断层、非物质文化遗产的产权人在创新和转化方面缺乏经验、经营者未经非物质文化遗产产权人的许可即提供非物质文化遗产

相关的产品或服务。根据《北京日报》有关非物质文化遗产的报道,非物质文化遗产传承人是非物质文化遗产的重要承载者和传递者,但由于传承人的不可取代性,加之普遍年事已高,少部分非物质文化遗产项目仍存在"人在艺在,人亡艺绝"的危险,用抢救性记录工作验收专家委员会主任张庆善的话说,就是"与时间赛跑"。①

1. 环境的改变对非物质文化遗产的不利影响

随着社会的发展,我们所生活的自然环境与人文环境都发生了巨大的变化。不同非物质文化遗产所处地域的自然环境与人文环境都对其产生与发展有着重要的影响。自然环境对非物质文化遗产的影响主要有以下三个因素:第一,自然环境为非物质文化遗产的产生提供了物质条件。例如,早期的绵竹年画又称绵竹木板年画,是因为早期的工匠主要以木板为物质载体,在木板上印出轮廓后填色。由于绵竹盛产竹纸,为绵竹年画的盛产提供了物质条件。第二,很多非物质文化遗产的文化内涵与自然环境息息相关。例如,元阳梯田壮丽独特的景观,一方面受到当地的地形及气候等自然条件的影响,另一方面离不开当地哈尼族一代又一代人的辛勤劳作。第三,自然环境的变化也可能会改变非物质文化遗产。例如,川剧的形成,离不开从四川省外流入的高腔、昆腔、胡琴腔(皮黄)、弹戏和四川民间灯戏五种声腔艺术。由于人员的自然流动,受到这种外来声腔的影响,川剧最后形成了新的风格。然而,恶劣的自然环境可能会限制非物质文化遗产的发展,若人类对自然环境过度改造,会导致非物质文化遗产的消失。例如,四川省内

---

① 参见《和时间赛跑,留住"濒危"非遗项目》,载人民网,http://culture.people.com.cn/n1/2018/0707/c1013-30132422.html。

布拖县作为凉山彝族的中心地带，其特殊的地理位置导致整个区域较为封闭，虽然其拥有民族特色的传统服饰文化和毕摩文化等，但由于地理位置导致的交通不便，这些非物质文化遗产的传播与推广受到了阻碍。特别是在发生自然灾害时，如地震、洪水、泥石流等，不仅会损害非物质文化遗产本身，还会影响非物质文化遗产的传承。

人文环境对非物质文化遗产的影响主要有以下两个因素：第一，随着全球文化的交融、经济的高速发展，原有的社会生活方式发生了巨大的变化，许多新兴事物吸引着人们的注意力。一方面，很多非物质文化遗产早已不是现代社会生活中的必需产品，例如，绵竹年画盛行的时代，绵竹市拥有非常大的年画市场，在过年期间，年画不仅要供应省内市民，还会销往云南、贵州甚至东南亚地区。如今，年画已然不是过年家家户户的必备选项，年画的销售量减少，创作年画的人也越来越少。另一方面，非物质文化遗产受到了流行文化的冲击，流行文化的快速发展是因为该文化主要是按照市场规律去运作，迎合消费人群，及时更新，而非物质文化遗产是时间积淀下的产物，难以快速迎合大众市场，关注非物质文化遗产的人越来越少，使非物质文化遗产的发展受到了制约。第二，在非物质文化遗产的传播、开发过程中，由于传播者对于非物质文化遗产内涵的认知偏差，或是开发者一味地追求经济利益，可能会出现对非物质文化遗产的误解、扭曲，使非物质文化遗产的保护和开发背离初衷。非物质文化遗产在传播过程中无法完全掌控人文环境，例如，有些地区为了吸引游客的注意力，会打着非物质文化遗产的旗号，做一些不同于非物质文化遗产的表演，甚至一些不属于非物质文化遗产地区的人也打着非物质文化遗产的旗号生产粗制滥造的非物质文化遗产衍生品，歪曲非物质文化遗产的内在思想，贬低非物质文化遗产的文化价值,在社会大众中造成了不良影响。例如,对于非绵竹地区的人将自己的年画作品当作绵竹年画在市场中流通,如果其售卖的年画粗制滥造,不仅会损害绵竹年画的声誉,还会导致越来越少的人愿意再购买年画,使绵竹年画难以转变为经济利益。很多商家打着非物质文化遗产的幌子进行过度商业开发,这会使其文化内涵以及价值受到损害。

2. 非物质文化遗产的传承与发展现状堪忧

非物质文化遗产的传承与发展离不开一个国家、民族以及当地社区的传承人的继承与创新。非物质文化遗产以声音、形象和技能作为表达方式,通过人与人之间口口相传,得以延续。很多都是师徒制,即通过徒弟继承师傅所传授的方法与手艺,使非物质文化遗产得以保存。然而,现在许多年轻人难以认可或感受到非物质文化遗产的魅力,再加上渴望获取更多经济收入,年轻人通常不会有意愿学习和继承非物质文化遗产。如今,掌握这些传统技艺和民间艺术的大师已经老了,这些技能会随着老艺术家的去世而出现断层甚至消失,造成无法弥补的损失。例如,我国在 20 世纪 80 年代编纂《中国戏曲志》的时候做过统计,民间戏剧有近 400 个。但是如今大约只剩下 200 个,尤其是最近 20 年的时间消失最迅速。山西省统计的数字比较准确,20 世纪 80 年代有 49 个地方剧种,如今还剩 28 个,其中 21 个剧种消失了。[①] 非物质文化遗产传承人越来越少,一方面是因工业化社会的发展,导致消费市场追求一致性、标准规格的产品,而非物质文化遗产很多是手工制作的产品,难以适应现代市场的需求,也就缺乏更多的人去发现、学习、继承;

① 参见田青:《不要让非物质文化遗产在我们这一代消失》,载中国非物质文化遗产网 2021 年 9 月 28 日,http://www.ihchina.cn/luntan_details/20811.html。

另一方面，因很多国家、地区或是社区内部并未建立完善的传承人资金补助，没有市场的非物质文化遗产就没有经济支持，非物质文化遗产的传承人很难依靠手艺维持生活的基本开支，传承人仅靠对于非物质文化遗产的热爱是很难继续这项工作的，因此，没有资金和政策的支持，非物质文化遗产也就缺少了足够多的传承人。

3. 非物质文化遗产的公共利益与私人利益的界限模糊

一方面，非物质文化遗产所在地区的政府认为非物质文化遗产属于公共财产，具有公共利益，政府出资保护非物质文化遗产，理应获得非物质文化遗产的经济开发与经济利益的权利。另一方面，非物质文化遗产的传承人认为其对非物质文化遗产做出了巨大的贡献，非物质文化遗产的传承与发展离不开每个个体的智力劳动，政府以及企业对其的利用应当得到非物质文化遗产传承人的许可，政府针对非物质文化遗产开发的旅游景区、非物质文化遗产节等项目，应该遵循非物质文化遗产的本质特征，不得恣意夸大、扭曲其非物质文化遗产的内在特质。从非物质文化遗产传承人的角度来看，笔者在绵竹进行调研时，某位绵竹年画的传承人就认为，如果绵竹年画被大批量制造、售卖，大量地生产年画产品就难以体现其艺术价值，稀缺的年画产品才有艺术价值。此外，政府或商业开发者在使用某种非物质文化遗产时，并不会给艺人或传承人一定的许可使用费。总体来说，在对非物质文化遗产的开发利用中，要平衡多方面的利益关系，然而非物质文化遗产的创作者、传播者、政府、使用者之间的利益是错综复杂的。作为政府，不能只保护能够快速转化为经济收益的非物质文化遗产，也需要对艺术价值较高但难以转化为经济效益的非物质文化遗产进行保护。作为非物质文化遗产的创作者需要转变观念，在保护好自己非物质文化遗产的基础上，授予传播者或使用者一定的权利，使非物质文化遗产能够得到开发和利用。文化的广泛传播并不会影响非物质文化遗产的艺术价值，相反，可能因为传播度广使大众更多地接触到非物质文化遗产产品，从而接受和认可非物质文化遗产的艺术价值及经济价值。

4. 非物质文化遗产的法律保护意识薄弱

一方面，政府、单位或者自然人都有可能使用自己收集的非物质文化遗产或者将非物质文化遗产进一步改编为新作品，这时他们既不会去主动获得非物质文化遗产传承人的许可，也不标明其改编作品的来源。这些行为不仅伤害了非物质文化遗产传承人的心血，还有可能侵犯非物质文化遗产传承人的权利。在司法实践中，《乌苏里船歌》是在赫哲族民歌《想情郎》《狩猎的哥哥回来了》原主题曲调的基础上进行改编的，但作者在改编后并未标明《乌苏里船歌》是在赫哲族的原作品基础上改编的，最后法院判令作曲人在使用音乐作品《乌苏里船歌》时，应当注明“根据赫哲族民间曲调改编”。① 另一方面，非物质文化遗产的社区居民或是传承人都比较质朴，乐于分享自己的非物质文化遗产，但非物质文化遗产的掠夺者往往利用非物质文化遗产传承人，窃取非物质文化遗产的核心秘密，将非物质文化遗产申请为专利。有些国家利用这种方法收集我国的中药秘方，并利用知识产权抢占我国的中药市场；甚至通过将我国的文化典故抢注为商标，将我国的典型故事拍摄为电影等手段，商业化利用属于我国的非物质文化遗产。此外，非物质文化遗产的传承人对于传统知识的价值和意义仍然没有清晰的认识，也不了解自己所拥有的权利，特别是生活在深山里年纪较大的传统知识传承人对于现今商业模式和互联网运营更是知之甚少。

---

① 北京市高级人民法院民事判决书，(2003)高民终字第246号。

随着新一代的非物质文化遗产传承人的成长，他们逐渐有了保护非物质文化遗产的意识，但究竟要如何保护、如何操作，仍然是大部分传承人所不了解的。即便部分传承人有了一定的品牌意识，但其并不具备专业的法律知识去维护自己的品牌权益，同时对其享有的知识产权的价值也没有充分认识。[①] 从而在他人窃取属于自己的非物质文化遗产时，难以主张自己的法律权利。

（二）非物质文化遗产法律保护的模式选择

将非物质文化遗产纳入法律保护早已成为定论，但对于非物质文化遗产采取何种保护模式有一定的探讨空间，目前主流的保护模式分为公法保护、私法保护和综合保护三种模式。公法保护是通过公权力的介入适度干预非物质文化遗产的交易并避免非物质文化遗产的人文环境遭受破坏；私法保护模式可以是知识产权或是为非物质文化遗产创设新的权利提供保护；综合保护模式则较为全面，结合了公法保护与私法保护，该种保护模式是可以为非物质文化遗产提供完善的保护。

1. 公法保护模式

持公法保护模式观点的学者认为，非物质文化遗产作为人类发展过程中留下的宝贵遗产，即使在传承过程中有了一定的变化与更新，但非物质文化遗产本质上不是为迎合大众主流喜好而产生的，其产生原因离不开当地的自然环境及族群的共同文化特质。非物质文化遗产是特定地区的文化符号，其不仅是特定地区的精神食粮，更是一个国家、民族促进文化多样性及增加凝聚力的文化基因。即使随着时代的发展，许多非物质文化遗产都可以转变成

① 参见杨礼凤：《民族传统知识的法律保护——基于怒江州与缅甸交界地区的实证研究》，云南大学2020年硕士学位论文，第31页。

为市场化的文化产品,但不能将非物质文化遗产绝对私有化,非物质文化遗产关系社会的公共利益,其法律保护应适用公法保护模式,私法保护模式仅能解决非物质文化遗产的权利主体归属问题,但不能避免非物质文化遗产的衰落甚至消失。公法保护模式主张对非物质文化遗产采取行政法、刑法方面的保护,在该保护模式下强调政府机关的主动干预,通过政府提供的财政支持及制定非遗文化发展与传承的政策支持,并提供相应的保障措施保护非物质文化遗产。例如,通过行政方式认定非物质文化遗产的传承人、拟定非物质文化遗产名录等,同时避免非物质文化遗产遭受不法侵害,给予刑事惩罚。总体来说,政府作为维护公共利益的代表,无论是对非物质文化遗产进行保护和传承,还是将其作为市场中的产品进行交易,都应在政府的主导下。我国《非物质文化遗产法》便是给予非物质文化遗产公权保护。以私权利作为非物质文化遗产的保护模式,不利于政府对非物质文化遗产保护问题的高度重视与投入,特别是对于濒临失传的非物质文化遗产更应当由政府采取积极的干预以保证其传承与发展。

2. 私法保护模式

私法保护即赋予某个非物质文化遗产的所属集体或是个人享有私有权利,通过民事法律进行保护。私法保护模式主要有两种观点。

一是知识产权保护模式。事实上,世界知识产权组织成立了"知识产权与遗传资源、传统知识和民间文学艺术保护政府间委员会"专门讨论有关传统知识与文化的保护问题,其中的重要内容就是非物质文化遗产的知识产权保护。如果对非物质文化遗产采取知识产权的保护模式,就意味着特定的集体组织或是个人能够因其非物质文化遗产而拥有专有权利,这种专有权利能够激发他们挖掘、开发、改进非物质文化遗产，传播非物质文化遗产，促进非物质文化遗产多样性的发展。同时，运用知识产权制度对非物质文化遗产进行保护，肯定了非物质文化遗产传承人的智力成果。非物质文化遗产最终能进行市场交易，离不开传承人的创造性劳动，特别是以文字、曲谱等形式展现的非物质文化遗产本来就属于知识产权保护的客体，如果法律不能授予非物质文化遗产传承人独占的权利，就会导致传承人的智力劳动成果得不到市场的认可，从而放弃传承与发扬非物质文化遗产，最终导致非物质文化遗产的市场枯竭。同时，非物质文化遗产采取知识产权保护模式，既有利于鼓励特定群体或个人为社会大众提供传统文化资源，又有利于非物质文化遗产的传播与应用。非物质文化遗产是否公开都取决于特定集体或个人的意志，充分尊重其文化选择权，防止未经公开的非物质文化遗产遭到损害。借助知识产权制度，也有利于在非物质文化遗产进行商业运作时平衡各方的利益，最终促进非物质文化遗产的和谐发展。

二是非物质文化遗产产权保护模式。即为非物质文化遗产创设新的权利，独立于现有的民事权利。主张此种保护模式的学者认为，大多数非物质文化遗产都属于特定的群体，但是这个群体范围可能是多个区域的多种民族，或是特定区域的几代居民，难以真正为这个集体划定一个范围，这样主体身份不明是无法确定其知识产权的权利人的。并且，非物质文化遗产的创新不能脱离其文化内涵，如果其创新实质与非物质文化遗产已经脱离，反而不利于非物质文化遗产的保护。最关键的是，知识产权的保护有时间限制，非物质文化遗产属于人类历史漫长的发展过程中积淀下来的文化遗产，如果将其全部参照知识产权制度给予一定的保护期限，不符合非物质文化遗产的历史特性，可能也不利于非物质文化遗产的长期发展。构建特别法保护方式是完善我国非物质文化遗产行政法保护制度、实现非物质文化遗产行政法保护制度体系化及加强非物质文化遗产行政法保护国际交流合作的需要。[①] 曹新明提出了设立无形文化标志权保护非物质文化遗产。非物质文化遗产保护形式多种多样,但各种保护模式各有缺陷。而无形文化标志权的权利特征具有非特定性、客体的活态性、内容的多样性、保护期的无限性,是保护非物质文化遗产的最佳制度选择,还有利于实现与知识产权的有机对接。[②]

3. 综合保护模式

综合保护模式的提出是由于公法保护模式和私法保护模式都不能完全覆盖非物质文化遗产的全部内容。通过公法去维护非物质文化遗产的整体利益,同时兼顾非物质文化遗产群体中的私有利益。值得注意的是,《世界遗产公约》中对于"保护"这个词使用的表达是"Safeguarding",而非"Protec-tion",前者表达的是一种事先的、主动的捍卫之义,后者则是事后的救济,该用语非常精妙地表现了非物质文化遗产之上行政法和私法保护相区分的状态,但同时,如何处理两种保护之间的关系,对于它们各自的顺利实施也就显得非常重要了。[③] 持此观点的学者认为,公法保护模式是自上而下能够为非物质文化遗产的发展提供战略性的保护,私法保护模式则更加符合非物质文化遗产的运用与传承,二者共同作用,相互结合是目前最佳的法律保护方式。

---

① 参见高轩:《我国非物质文化遗产行政法保护立法模式选择》,载《甘肃社会科学》2009 年第 3 期。

② 参见曹新明:《非物质文化遗产保护模式研究》,载《法商研究》2009 年第 2 期。

③ 参见杨明:《非物质文化遗产保护的现实处境与对策研究》,载《法律科学(西北政法大学学报)》2015 年第 5 期。

二、非物质文化遗产保护的理论研究

(一)非物质文化遗产的公共属性

1. 非物质文化遗产属于人类共同遗产

遗产领域的研究起源于人权领域,国际社会将非物质文化遗产保护视作一项关于人权和发展的科学工作。[①] 非物质文化遗产不仅属于特定地区的文化遗产,亦属于人类社会的共同遗产。对于非物质文化遗产的保护不仅是特定区域内的问题,还是人类社会发展文化多样性的体现。正如《世界文化多样性宣言》中指出:"文化多样性是交流、革新和创作的源泉,对人类来讲就像生物多样性对维持生物平衡那样必不可少,从这个意义上讲,文化多样性是人类的共同遗产,应当从当代人和子孙后代的利益考虑予以承认和肯定。"这说明了文化多样性与生物多样性对于人类社会的发展与维护社会秩序的稳定非常重要。为了人类的延续与发展,我们既需要保护社会生态环境也需要保护人文环境,而非物质文化遗产就属于人文环境需要保护的重要部分。

2. 非物质文化遗产的公共物品属性

根据公共经济学理论,社会物品分为公共物品和私人物品。美国经济学家保罗·萨缪尔森在其著作《公共支出的纯理论》中提出了公共物品理论。公共物品,是指个人消费某种物品或服务时,他人也可以同时消费该种物品或者服务,不会因为某个人的消费导致公共产品的减少。市场机制总有失灵的时候,如果仅私人生产、控制公共物品,私人在生产其公共物品时总是优先考虑自己的

---

① 参见刘永明:《权利与发展:非物质文化遗产保护的原则(上)》,载《西南民族大学学报(人文社科版)》2006 年第 1 期。

利益最大化,那么就会导致社会所需要的公路、电站等必要公共物品出现供应缺口,且在公共物品出现质量或其他问题时,私人力量无法对其进行维护。因此,对于公共物品的生产与保护必须依靠政府力量。政府掌握着一个国家、地区的财政权力,其为了整个社会的稳定发展,会向需要保护与开发的公共物品投入资金,并运用好的政策吸引私人一同建设和维护公共物品,从而引导市场良性发展。

非物质文化遗产是特定区域社会生产活动中发展出的产物,从产生的初衷来看,其不具有竞争性,是特定群体都可以利用的公共产物。非物质文化遗产具有公共物品性质,是因为非物质文化遗产里面蕴含了国家、民族的共同利益,这种利益不能被其他国家肆意抢占。非物质文化遗产所追求的民族认同感、凝聚力和文化多样性等目标都由全体成员共享,具有非排他的正外部性,这种非物质文化遗产所具有的外部效应就决定了非物质文化遗产必须由政府主导,对其提供有效保护,防止由于私人忽视非物质文化遗产所具有的公共利益而导致非物质文化遗产的消失。① 值得注意的是,不应当过分夸大非物质文化遗产的公共物品属性,即便其公共物品属性无法排除他人共享,但其仍只属于特定区域内居民共享的公共物品,将非物质文化遗产限制为一定区域的公共物品,才能防止其被滥用和被谋取非法经济利益。

3. 非物质文化遗产属于公共文化服务体系

大部分公共文化产品很难由私人来提供,基于非物质文化遗产具有公共文化的属性,以一个民族地区的非物质文化遗产为例,由于其属于一个民族群体,不具有排他性和竞争性,使用者常常不

① 参见孙昊亮:《非物质文化遗产的公共属性》,载《法学研究》2010 年第 5 期。

向该民族支付任何费用。部分非物质文化遗产无法采取文学、乐曲等可以纳入知识产权保护体系的形式进行保护，导致许多未经许可即利用该非物质文化遗产获取经济收益的现象屡屡发生。即使该非物质文化遗产的开发者想获取民族地区的许可，也不知道找谁才能获得授权。因此，非物质文化遗产需要纳入公共服务体系之中，由政府相关部门提供必要的经费支持与保护，特别是对那些难以通过市场化运作进行传承与保护的非物质文化遗产，更需要通过政府或资助的机构对其进行管理和保护，避免非物质文化遗产的消失。

（二）非物质文化遗产的知识产权属性

1. 非物质文化遗产与知识产权的客体具有同质性

非物质文化遗产是指在特定的社区世代相传的、作为该社区的文化和社会特性的组成部分的智力活动成果，与物质文化遗产不同，虽然有许多非物质文化遗产以有形物质为载体、表现形式，但非物质文化遗产和它的载体有着质的差别性。[①] 例如，某种非物质文化遗产的制作工艺，最终以工艺品为物质载体呈现，但其受保护的并非该制品，而是其制作工艺方法。很多非物质文化遗产的传播不仅需要传承人以语言及演示的方式传授，还需要借助一定的介质，但非物质文化遗产本质上更接近于无形的智力成果，因为即便有人占有了某种以非物质文化遗产的制作工艺制作的手工艺品，但他也无法直接获取手工艺品背后的制作工艺和流程。

非物质文化遗产主要分为传统知识、传统标记和传统文化表达，其中还涉及一些未公开的秘密信息。具体来说，传统知识是一

---

① 参见齐爱民：《非物质文化遗产的知识产权综合保护》，载《电子知识产权》2007年第6期。

个国家、地区或社区的居民在生产生活中通过实践总结、发明或改进的某种便利当地居民的方法、经验和技术；传统标记也称作传统文化符号，是当地居民为标识某种物品、节日、民族信仰等对其有重要意义事物而创设的符号印记，这种文化符号不仅用于装饰，还有重要的文化内涵，可以用其区别不同的地区特色；传统文化表达是不同地区的居民对所处事物具有不同的认识，并根据当地所处自然环境，因地制宜，创作出不同形式的非物质文化遗产，其表现形式以绘画、唱歌、跳舞等多种形式呈现。

传统知识产权的客体被划分为专利、商标、著作权，其客体都具有无形性。知识产权的无形特点和非物质文化遗产的无形特点，使两者在保护的客体上具有同质性。知识产权法的保护与传统财产权的保护具有本质上的不同，即其保护的是精神财富，这种财富是无形的，知识产权法律制度所关注和调整的是基于无形智力成果及相关成就产生的各种利益关系，因此，非物质文化遗产与知识产权的保护对象具有一致性的特点。①

2. 非物质文化遗产具有创新性

非物质文化遗产的创新包括两个方面：其一，非物质文化遗产中的传统知识不是固定不变的，在其传承过程中或多或少都会受到时代背景、传承人个人认识等因素的影响而发生变化。也就是说，非物质文化遗产在传承过程中是不断改进的，这也就使其具有了一定创新性。其二，非物质文化遗产的创新性不能简单适用《专利法》的创造性、《著作权法》的独创性以及《商标法》的显著性等标准进行判断。非物质文化遗产的创新性需要有与之相对应的比对样本。关于非物质文化遗产中的技艺或传统工艺，用以判断其

① 参见张洁：《非物质文化遗产法律保护研究》，中国法制出版社 2018 年版。

是否具有创新性的，不是相同技术领域的现有技术，而是该传统技艺或工艺区别于相同或类似技术或工艺的特点是否鲜明，是否具有明显的区域或族群特点。也就是说，非物质文化遗产技艺区别于一般技艺的因素，才是判断其是否具有创新性的依据。

同理，非物质文化遗产中属于文学艺术方面的传统文化，其独创性特征，以及非物质文化遗产中作为文化符号标记的部分，其显著性特征，都不应照搬《著作权法》的作品独创性要求和《商标法》的显著性要求，而应以该非物质文化遗产本身的独特性来进行判断。

3. 非物质文化遗产具有排他性

排他性又称专有性，是指未经非物质文化遗产产权人的许可或法律特别规定，他人不得使用非物质文化遗产的特性。有一种观点认为，非物质文化遗产具有公共属性或是由国家、地区或社区居民共有，不具有排他性。然而，非物质文化遗产虽然是某个地区依靠其独有的自然环境、人文环境形成的世代相传的文化，被特定区域的人所熟知，在特定区域内由一定的群体共同拥有，是特定群体的共同文化财产，但并不意味着该非物质文化遗产已经完全地进入公共领域，不具有排他性。

公有领域的知识主要包括无主知识，即没有权利主体的知识；为大众所熟知而丧失新颖性的知识；法定保护期限届满的知识。[①] 根据以上内容可知：第一，非物质文化遗产是特定区域或是特定个人所享有的，任何一种非物质文化遗产都可以找到相应的主体，不属于无主知识。第二，非物质文化遗产的公开是有区域限

---

① 参见蒋万来：《传承与秩序：我国非物质文化遗产保护的法律机制》，知识产权出版社2016年版。

定的，不属于大范围的公开，不会被大众所熟知。非物质文化遗产不仅专属于某个特定区域，甚至一些非物质文化遗产的传承仅有少数的传承人掌握了核心要点，例如，虽然掌握绵竹年画的制作工艺的人有很多，但该工艺制作流程的传授是采取师徒制的形式，师傅在传授核心技能之前，都会和徒弟签订保密协议，仅有师徒二人可以知道某种特定的制作工艺，因此，其技艺并未因为掌握的人数多而成为公知技术。第三，非物质文化遗产仅在特定区域或特定的人中被知悉，其制作工艺属于秘密信息，不会丧失新颖性。

值得注意的是，非物质文化遗产的排他性与知识产权的排他性是相对的，不同于物的绝对排他性。对于物的占有，可以天然地排除与他人共享的可能，但无论是非物质文化遗产还是知识产权具有的非物质性，它们本质上是一种信息，无法被独占性地控制支配。此外，对于物的排他性侵犯，表现为强抢、毁损，而对于非物质文化遗产的侵犯一般与其所存在的介质无关，小偷抢夺某个利用某种非物质文化遗产的制作方式所做的工艺品，仅是侵犯了该工艺品的所有权，并不当然地侵犯非物质文化遗产制作者的排他性权利。由于非物质文化遗产的排他性特征不同于物质文化遗产，不能通过对其物的占有就使非物质文化遗产获得保护。例如，某种制作中药的方法被他人窃取，当该方法被公开时，便无法再进行保护，这也是非物质文化遗产在保护中常遇到的难题。即使法律赋予非物质文化遗产产权人拥有排他性的权利，但非物质文化遗产一旦遭受侵犯，就很难恢复到原状。

（三）非物质文化遗产保护的法律原则

1. 人权原则

非物质文化遗产的传承与发展离不开特定区域人们的积极参

与，所以在对非物质文化遗产进行法律保护时，要以人为落脚点，以人文精神为主，重视非物质文化遗产保护中的文化人权、尊重非物质文化遗产当地居民的自主权利，使当地居民自主决定非物质文化遗产的保护与发展路径、并认同当地居民的语言、习俗、制作工艺等。

以人为本的人权原则既是国际社会保护文化多样性的核心原则，又是我国在保护非物质文化遗产中需要遵循的首要原则。坚持以人为本，体现在法治层面，就是一切立法、执法和司法活动都要以人的需要和权利为出发点和目的，充分尊重和体现人的价值，为充分发挥人的主体作用提供良好法治环境。[①] 2001 年联合国教科文组织在《世界文化多样性宣言》中提出，"文化多样性保护本质是与人权不能分离的道德必需，隐含着人权承诺和基本自由，尤其是少数人群和原住民族的权利"[②]，该条款说明了文化多样性的保护与人权息息相关。2003 年通过的《保护非物质文化遗产公约》第 2 条中强调："……在本公约中，只考虑符合现有的国际人权文件，各社区、群体和个人之间相互尊重的需要和顺应可持续发展的非物质文化遗产。"[③]该条款充分说明了非物质文化遗产的法律保护需要遵循人权保护原则，只有尊重每个国家、地区、社区中团体及个体的需求，才能使非物质文化遗产可持续发展。2005 年发布的《保护和促进文化表现形式多样性公约》序言部分提道，颂扬文化多样性对充分实现《世界人权宣言》和其他公认的文书主张的人权

---

① 参见张军：《在法治建设中坚持以人为本》，载中国人大网，http://www. npc. gov. cn/zgrdw/npc/xinwen/rdlt/fzjs/2008 - 09/12/content_1449600. htm。

② Universal Declaration on Cultural Diversity, Nov. 2, 2001, U. N. E. S. C. O. Rec. of Gen. Conf., 31stSess., art. 4.

③ WIPO/GRTKF/IC/12/INF/6: United Nations Declaration on the Rights of Indigenous Peoples.

和基本自由所具有的重要意义。并且该公约的第2条指导原则的第1项为:“一、尊重人权和基本自由原则　只有确保人权,以及表达、信息和交流等基本自由,并确保个人可以选择文化表现形式,才能保护和促进文化多样性。任何人都不得援引本公约的规定侵犯《世界人权宣言》规定的或受到国际法保障的人权和基本自由或限制其适用范围。”2007年颁布的《联合国土著人民权利宣言》序言中提道:“……相信本《宣言》是在确认、促进和保护土著人民权利与自由方面,以及联合国系统在这一领域开展有关活动方面,再次向前迈出的重要一步,认识到并重申土著人有权不受歧视地享有国际法所确认的所有人权,土著人民拥有对本民族的生存、福祉和整体发展不可或缺的集体权利……”第5条规定:“土著人民有权维护和加强其特有的政治、法律、经济、社会和文化机构,同时保有根据自己意愿充分参与国家政治、经济、社会和文化生活的权利。”第11条规定:“1. 土著人民有权奉行和振兴其文化传统与习俗。这包括有权保持、保护和发展其文化过去、现在和未来的表现形式,如古迹和历史遗址、手工艺品、图案设计、典礼仪式、技术、视觉和表演艺术、文学作品等。2. 各国应通过与土著人民共同制定的有效机制,对未事先获得他们自由知情同意,或在违反其法律、传统和习俗的情况下拿走的土著文化、知识、宗教和精神财产,予以补偿,包括归还原物。”

总体来说,无论是国内法律中倡导的人权原则还是多部国际公约中要求保护人权的规定,都是为了防止政府过度干预非物质文化遗产,防止唯利是图的商人过度开发非物质文化遗产,防止他人无偿使用非物质文化遗产甚至扭曲非物质文化遗产。以人权原则为首要原则,才能让非物质文化遗产得到尊重和保护,防止他人未经许可不当利用非物质文化遗产谋取非法利益。

2. 利益平衡原则

非物质文化遗产具有稀缺性。非物质文化遗产不仅是一个国家、民族、地区、社区自身的重要文化资源，也是整个社会的重要文化资源。如前所述，非物质文化遗产具有知识产权的特性，知识产权法律制度的建立也是多方利益主体平衡下的产物，正如吴汉东教授所说："权利的基本要素首先是利益，利益既是权利的基础和根本内容，又是权利的目标指向，是人们设定该项法律制度所要达到的目的(起始动机)之所在。"[①]非物质文化遗产的保护需要通过法律制度的设计协调不同主体之间利益，非物质文化遗产法律保护制度使各方利益主体能够在稳定的状态下和谐共处，共同保护与发展非物质文化遗产。非物质文化遗产的利益平衡主要涉及两个方面：文化利益与经济利益的平衡、社会利益与权利主体利益的平衡。

第一，非物质文化遗产作为历史悠久的文化资源，现代社会保留下的非物质文化遗产展现出人类历史发展进程中不同时间、不同地区、不同民族的文化内涵，富有文化利益。同时，这种文化利益在商业开发和利用中可转化为经济利益。因此，对于非物质文化遗产的法律保护，既要重视其文化利益，又不能忽视其所具有的经济利益。非物质文化遗产的文化利益实质上保护的是特定群体或是个人的精神利益，因为非物质文化遗产体现了特定区域的文化认同感，这种对非物质文化遗产的认同是其传承和发展的必需品。因此，将非物质文化遗产开发为商业产品时，更应该考虑特定群体和个人是否在情感上认同这种开发，非物质文化遗产的开发

① 吴汉东：《关于知识产权私权属性的再认识——兼评"知识产权公权化"理论》，载《社会科学》2005 年第 10 期。

是否尊重非物质文化遗产的文化内涵，是否有歪曲、贬损非物质文化遗产的可能，是否标明及真实陈述其产品的开发得到了非物质文化遗产的特定群体或个人的许可。实现文化利益与经济利益的有机统一，既可以保护非物质文化遗产的多样性，又可以实现非物质文化遗产的可持续发展。值得注意的是，对非物质文化遗产的开发利用是以市场为导向的，如果具有极高文化价值的非物质文化遗产不适宜市场的开发，就可能会无人问津。但我们不能因为非物质文化遗产文化利益不具备转化为经济利益的条件，就忽视对其的保护。

第二，非物质文化遗产的公共属性决定了非物质文化遗产具有社会利益，其社会利益表现为非物质文化遗产是特定国家、区域的共同文化财富，对其保护会涉及国家文化主权、民族文化权利等公共利益。同时，非物质文化遗产是由特定的创造者、传承者所开发和传播的，非物质文化遗产的知识产权属性决定了非物质文化遗产具有私人利益，参照知识产权的制度设计，非物质文化遗产的创造者、传承者对特定的非物质文化遗产应享有精神权利和财产权利。《保护非物质文化遗产公约》的宗旨之一就是“尊重有关社区、群体和个人的非物质文化遗产”。且在该公约中明确规定，“承认各社区，尤其是原住民，各群体，有时是个人在非物质文化遗产的生产、保护、延续和再创造方面发挥着重要作用”。这说明了非物质文化遗产的法律保护，需要平衡社会利益及非物质文化遗产创作者、传承人的私人利益。从经济开发的角度来说，如果仅注重非物质文化遗产的社会利益，认为非物质文化遗产属于公有财产，谁都有对其进行开发的权利，可能导致恣意开发利用，最终损害了非物质文化遗产的文化利益与经济利益。然而，如果仅注重非物质文化遗产的私人利益，仅非物质文化遗产地区的群体拥有对非物质文化遗产的排他性权利，当其群体的数量过于庞大时，市场主体难以与该群体达成一致意见，交易成本就会变得很高，导致市场开发者放弃开发非物质文化遗产。当非物质文化遗产群体的划定范围较为困难时，即便是群体中较为有代表性的传承人许可市场主体进行开发，市场主体也会担心被某个特定的群体中的个体起诉。因此，利益平衡原则需要协调公共利益与私人利益，确保各方利益不会出现缺少或不平衡的状态，促进非物质文化遗产的良性发展。

三、非物质文化遗产保护法律制度检讨

（一）非物质文化遗产的法律保护现状

1. 我国国家层面对非物质文化遗产进行的保护

我国《宪法》第 47 条规定："中华人民共和国公民有进行科学研究、文学艺术创作和其他文化活动的自由……"这体现了我国根本大法对文化参与权利的保障。该条还规定对文化领域的"创造性工作，予以鼓励和帮助"，体现了国家对文化创作创造工作的鼓励态度。上述《宪法》的规定，对非物质文化遗产法律保护制度的设计和实施具有最高的引导作用。

《非物质文化遗产法》是为了加强非物质文化遗产保护、保存工作而制定的专门法律，其中明确了我国非物质文化遗产的表现形式，对非物质文化遗产的调查、非物质文化遗产代表性名录的设立、非物质文化遗产代表性传承人的认定、非物质文化遗产主管部门、个人破坏非物质文化遗产的法律责任等作出了规定。《非物质文化遗产法》明确政府在文化资源保护、文化产业促进等方面的主体责任，为公众文化分享、文化参与等权利的实现提供了制度保障，只是由于抽象行政行为的不可诉性，文化行政立法通过明确政

府责任而保障的公民文化权利，和宪法保障的文化权利一样，总体上属于应然的文化权利，难以通过有效的救济机制得到落实。[①]

《传统工艺美术保护条例》第 2 条规定："本条例所称传统工艺美术，是指百年以上，历史悠久，技艺精湛，世代相传，有完整的工艺流程，采用天然原材料制作，具有鲜明的民族风格和地方特色，在国内外享有盛誉的手工艺品种和技艺。"实际上该条例就包含了非物质文化遗产中属于传统美术的表达形式。《传统工艺美术保护条例》明确了将传统工艺美术转化为美术产品的同时，需要加强对其的保护，并建立保密制度，企业及工作人员都不得泄露在制作传统工艺美术产品过程中知悉的技术秘密和其他商业秘密，否则可能受到行政惩罚甚至被追究刑事责任。[②] 该条例与《非物质文化遗产法》中关于非物质文化遗产传承人的认定有相似之处。2013 年修订《传统工艺美术保护条例》时将第 12 条修改为："符合下列条件并长期从事传统工艺美术制作的人员，由相关行业协会组织评审，可以授予中国工艺美术大师称号：(一)成就卓越，在国内外享有盛誉的；(二)技艺精湛，自成流派的。"总体来说，无论是在法律中建立国家级非物质文化遗产代表性项目名录，还是认定非物质文化遗产的代表性传承人、授予中国工艺美术大师称号，都有利于调动非物质文化遗产传承人传承非物质文化遗产，这种荣誉既是对非物质文化遗产传承人所做工作的肯定，又为非物质文化遗产特定群体提高自身的文化素养、增强保护意识树立榜样，使更多的人加入非物质文化遗产保护与传承的队伍中。

① 参见杨利华：《从应然权利到实然权利：文化权利的著作权法保障机制研究》，载《比较法研究》2021 年第 4 期。

② 参见《传统工艺美术保护条例》第 17 条、第 19 条。

2. 我国地方层面对非物质文化遗产进行的保护

实际上，我国对于非物质文化遗产的立法保护最早就是从地方立法开始的。2000年9月1日实施的《云南省民族民间传统文化保护条例》(已废止)是我国最早对非物质文化遗产进行保护的地方性法规。该条例明确了民族民间传统文化的保护范围，对本地区民族民间传统文化的保护与抢救、对云南省民族民间传统文化传承人的推荐与认定、对民族民间传统文化工艺美术珍品的交易与出境及云南省政府如何保障民族民间传统文化的措施也进行了规定，可以说是较为完整的保护非物质文化遗产的地方性法规。2003年1月1日实施的《贵州省民族民间文化保护条例》(已废止)，基本上与云南省地方性法规相同，在范围上增加了“保存比较完整的民族民间文化生态区域与具有民族民间代表性的传统节日、庆典活动、民族体育和民间游艺活动以及具有研究价值的民俗活动”。这两部地方性法规的保护对象，基本上包括了非物质文化遗产的全部内容。此后，《福建省民族民间文化保护条例》(已废止)、《广西壮族自治区民族民间传统文化保护条例》(已废止)等地方性法规陆续出台。值得注意的是，自2011年通过并实施《非物质文化遗产法》后，许多地方都纷纷颁布了与非物质文化遗产有关的条例，据查证，目前有北京市、福建省、山东省、四川省、黑龙江省、重庆市、辽宁省、湖北省、广东省、安徽省等十多个地方出台了非物质文化遗产保护条例。还有一些地区重点针对具体非物质文化遗产出台了地方性法规，如《德阳市绵竹年画保护条例》《淮南市保护和发展花鼓灯艺术条例》，这种根据当地非物质文化遗产的表达形式，确立其保护范围的地方性法规，体现了地方政府对于当地非物质文化遗产保护的重视，既有利于有针对性地对特定的非物质文化遗产表达形式进行保护，又为其他地方政府保护相同类型的非物质文化遗产提供典型示范。

总体来说，我国各地的地方立法，都是在宪法和法律的框架下，因地制宜，结合当地非物质文化遗产的特点进行的专门立法，对我国非物质文化遗产保护起到了积极作用，实现了立法从国家到地方的多级配合。其中，某些地方性法规更是较早地就参考了国际公约，例如，《云南省民族民间传统文化保护条例》(已废止)中关于传承人的认定。《德阳市绵竹年画保护条例》也是我国首个关于年画这一类型的非物质文化遗产进行的立法。不同地区的地方性法规都是对非物质文化遗产中国家层面立法的补充，是我国非物质文化遗产法律保护中不可缺少的部分。

值得注意的是，我国涉及非物质文化遗产保护的行政法律文件远远高于民事法律文件。现阶段我国对非物质文化遗产的法律保护以行政法为主，但行政法虽然对非物质文化遗产的保护有着主导作用，但对于不同形式的非物质文化遗产是否属于知识产权的保护范围，以及如何利用知识产权对其进行保护都未作具体规定。因此，怎样运用知识产权的法律制度对非物质文化遗产进行保护还需要进一步研究和完善，以完善民法对非物质文化遗产的保护。

3. 与非物质文化遗产相关国际组织及公约的规定

联合国教科文组织致力于推动各国在教育、科学和文化领域开展国际合作，是国际组织中保护非物质文化遗产的主要力量，2003年联合国教科文组织全体通过了《保护非物质文化遗产公约》，该公约在第1条就标明其公约建立的主旨为："本公约的宗旨如下：(一)保护非物质文化遗产；(二)尊重有关社区、群体和个人的非物质文化遗产；(三)在地方、国家和国际一级提高对非物质文化遗产及其相互欣赏的重要性的意识；(四)开展国际合作及提供国际援助。"通过该公约的颁布，非物质文化遗产正式纳入世界遗产保护体系。

值得一提的是，该公约采取了多元保护方法，规定缔约国应采取法律、技术、行政和财产措施对非物质文化遗产进行保护。非物质文化遗产保护的项目包括各个方面的确认、立档、研究、保存、保护、宣传、弘扬、传承（特别是通过正规和非正规教育）和振兴，并且需要建立清单制度、公众参与机制国际合作与援助等一系列较为完善的保护制度与机制。2005 年联合国教科文组织大会通过了《保护和促进文化表现形式多样性公约》，该公约中对非物质文化遗产的保护包括存活的人类财产项目、人类语言遗产和支持语言项目、非物质文化遗产评选项目及世界传统音乐保护项目。此外，联合国教科文组织开展"人类口头和非物质文化遗产代表作"和"关于建立'人类活珍宝'制度的指导性意见"的活动，对世界很多国家开展非物质文化遗产评估鉴定工作在理论和实践上给予了支持和保障，并有力地促进世界各地非物质文化遗产的传承和弘扬。

由于非物质文化遗产具有知识产权属性，世界知识产权组织（WIPO）也是推动非物质文化遗产保护的重要国际组织。1999 年，WIPO 与教科文组织根据保护民俗世界论坛通过的行动计划中的建议，组织了四次关于保护民俗表达的区域协商。2000 年年底，WIPO 设立了一个知识产权与遗传资源、传统知识和民间文学艺术政府间委员会，以便成员国就这些主题进行讨论。经过多次讨论，2007 年 12 月形成了《保护传统知识政策目标与核心原则条款修订草案》（以下简称《修订案》），根据《修订案》第 1 条第（a）款的规定，"传统文化表达"或"民俗表达"可以是任何形式，既可以是有形的还可以是无形的；既可以是传统文化也可以是知识的表达、出现或表现，如口头表达（故事、史诗、传说）、音乐表现形式（歌曲和器乐)以及行动表达(舞蹈、戏剧、仪式)。要根据 WIPO 修订后的规定作为保护主题,这种表达形式必须能反映社区文化和社会特性和文化遗产的特点。它们还必须满足其他条件,如"由该社区或有权或有责任按照该社区的习惯法律和做法维护、使用或开发"。

(二)非物质文化遗产商标权、专利权的保护困境

1.非物质文化遗产商标权的保护困境

关于非物质文化遗产商标权的保护实质上就是针对传统标记的商标权保护。非物质文化遗产的集体或个人能够将特定的符号、颜色、字母或形状等传统标记申请为商标,获得商标专有权利,该专有权利可以区别不同的非物质文化遗产。

商标类型包括商品商标、服务商标、集体商标和证明商标。与其他知识产权不同,商标的有效期为 10 年,但注册商标有效期满后,可以办理续展手续,从而持续享有对商标的专有权利,这一点符合非物质文化遗产的历史特性。无论是特定群体还是个人,都可以在将其非物质文化遗产转化为商业产品或服务后申请注册商标。对于特定地区的集体组织,其通过具有代表性的行业协会申请注册集体商标或证明商标,既可以使特定区域的传承人建立自助集体组织,便于收集和统计当地的非物质文化遗产传承人的数量,提供公共服务;又可以集中力量共同经营、积累商誉,防止市场恶性竞争,制止其他不属于非物质文化遗产地区的人恶意使用商标。

通过商标对某些非物质文化遗产符号或非物质文化遗产传承本身进行保护是有局限性的。首先,并非所有的非物质文化遗产都具有商业性开发的空间,都可以通过提供商品或服务的方式参与市场经营,此类型非物质文化遗产就不具备商标注册的基本条

件。因此,商标制度本身就排除了部分非物质文化遗产通过商标进行保护的可能。其次,商标保护制度实行申请在先原则,因此,非物质文化遗产符号或非物质文化遗产产业经营过程中,很容易出现被非特定区域或族群的经营者抢先注册商标的可能,这不仅不利于保护非物质文化遗产,还容易造成公众混淆。最后,通过集体商标或证明商标对非物质文化遗产进行保护,也存在申请人主体不易确定或权利被不当滥用的问题。

2. 非物质文化遗产专利权的保护困境

关于非物质文化遗产专利权的保护实质上是针对传统知识的专利权保护。专利制度产生的原因是国家通过赋予人们专利权以激励其投身于发明创造活动,促进社会科技进步。根据我国《非物质文化遗产法》中对非物质文化遗产形式的界定,其中的传统技艺、工艺以及医药等传统知识,从其内容和主题来看具有可专利权性。

但是,要通过专利对非物质文化遗产中的传统知识进行保护,存在诸多的困难。

首先,申请专利保护需要符合《专利法》关于新颖性、创造性与实用性的要求,且需要将相关技术信息充分公开,公开到本领域技术人员能够实施的程度。因此,对于处于保密状态的非物质文化遗产,如果选择通过专利进行保护,就需要承担相关技术信息公开的风险。而非物质文化遗产中特殊技艺和工艺的传承,大都通过口口相传,世代保密才使其具有特定性和神秘感,如果通过公开换取专利保护,可能是得不偿失的。而如果是已经公开的传统技艺和工艺,则其又不具备《专利法》要求的新颖性,也难以被授予专利权。

其次,专利权是具有明确期限的。《专利法》第 42 条规定,发明专利的保护期为20年,实用新型是10年,外观设计是15年。超过法定保护期的技术和外观设计将不再受《专利法》的保护。因此,就传统技艺和工艺等非物质文化遗产中的技术信息而言,这样的保护期限显然对保护是不利的。

最后,即使是利用传统知识,特别是中医中药的传统知识,进行改进所形成的新技术,通过专利保护也存在风险。如前所述,申请专利需要将相应技术信息完整披露到本领域技术人员能够实施的程度,因此,虽然对传统知识的改进,可以就改进部分获得专利权保护,但公开的技术并不仅限于改进的内容,还需要将实施该技术的完整方案进行公开。这个要求对传统知识,特别是尚未公开的传统知识是弊大于利的。

(三)非物质文化遗产版权保护的可行性与疑难问题

1. 非物质文化遗产版权保护的可行性

首先,非物质文化遗产中文学艺术类别的传统文化,满足《著作权法》对版权客体——作品——的形式要求。《著作权法》规定的作品,是作者思想的具体表达,且应具有一定的独创性。非物质文化遗产中的文学艺术类别的传统文化,如年画、民间文学、民间音乐、戏剧等,都属于典型的《著作权法》意义上的作品,且是创作者的思想表达,也具有区别于其他作品的独创性,因此,此类非物质文化遗产成果,属于受《著作权法》保护的作品。

其次,《著作权法》第6条明确规定,民间文学艺术作品的著作权保护办法由国务院另行规定。虽然目前国务院尚未制定民间文学作品保护条例,但《著作权法》已经通过第6条的授权立法方式,将民间文学作品纳入了《著作权法》的保护范围。非物质文化遗产中其他传统艺术类别,其性质与民间文学作品并无不同,因此,非物质文化遗产中文学艺术类别的传统文化,无疑也应纳入《著作权法》的保护范围。

再次,《著作权法》第22条规定,作者的署名权、修改权、保护作品完整权的保护期不受限制。也就是说,专属于作品作者人身权性质的署名权、修改权、保护作品完整权的权利期限是永久的。这与非物质文化遗产的特定民族或族群对其传统文化的身份诉求认定是一致的,而且也为保护长久历史遗留下来的传统文学艺术作品提供了法律依据。在现行《著作权法》的制度下,非物质文化遗产传承人或其特定民族、族群可以通过主张非物质文化遗产的署名权(标注为某个民族或族群的非物质文化遗产)、修改权、保护作品完整权来保护其传统文化。

最后,我国《著作权法》还规定了作品表演者和录音录像制作者享有邻接权,即表演者权和录音录像制作者权。对于部分需要通过传承人表演进行传播的非物质文化遗产,如内蒙古长歌、民间戏剧等,传承人可以直接主张其对表演活动享有表演者权。投资制作非物质文化遗产节目的录音录像制作者或视听作品的制片者,也可以直接主张其对制作的录音录像制品享有制作者权,或对视听作品享有著作权,从而能够激励其对非物质文化遗产进行传播。

也就是说,通过版权对非物质文化遗产进行保护,不仅具有理论上的可行性,实际也具有直接的法律依据。

2. 非物质文化遗产版权保护的疑难问题

虽然现行《著作权法》提供了对非物质文化遗产进行版权保护的法律依据,但在实践中仍存在诸多疑难问题,导致事实上的维权困境。

首先,非物质文化遗产的版权归属具有不确定性。要有效主张权利,必须由确定的权利人来进行。非物质文化遗产通常是一个群体的历史传承，而不是传承人个体的创作成果，因此，以传承人作为版权人来主张权利缺乏依据。非物质文化遗产所代表的群体或者承担管理和保护非物质文化遗产的组织，也并不一定具有法律上的主体资格，即使该群体或组织具备法律主体资格，也不一定能代表全体族群，由他们主张权利，仍存在法律依据缺乏的问题。前述乌苏里船歌案件，是以当地乡政府作为原告起诉，但政府的诉权也遭到了学术界的质疑，有学者认为，政府的该种行为与政府的职能不相符，且缺乏法律依据。因此，就非物质文化遗产本身来主张版权，需要法律明确界定诉权应该，或者可以由谁来行使。这是影响非物质文化遗产版权保护的第一个问题。

其次，版权中财产权具有法定期限，通过版权保护非物质文化遗产，无法解决保护期限的问题。现行《著作权法》第 23 条第 1 款和第 2 款规定，自然人的作品，其发表权、本法第 10 条第 1 款第 5 项至第 17 项规定的权利（著作财产权）的保护期为作者终生及其死亡后 50 年，截止于作者死亡后第 50 年的 12 月 31 日；如果是合作作品，截止于最后死亡的作者死亡后第 50 年的 12 月 31 日。法人或者非法人组织的作品、著作权（署名权除外）由法人或者非法人组织享有的职务作品，其发表权的保护期为 50 年，截止于作品创作完成后第 50 年的 12 月 31 日；本法第 10 条第 1 款第 5 项至第 17 项规定的权利的保护期为 50 年，截止于作品首次发表后第 50 年的 12 月 31 日，但作品自创作完成后 50 年内未发表的，本法不再保护。虽然《著作权法》规定的人身权不受期限限制，对非物质文化遗产的保护有利，但在作品的财产性权利，也就是经济权利方面，却有明确的保护期限。非物质文化遗产作品无疑都是历史的产物，都已经超过了作品的法定保护期限，因此，即使能确定权利人，也难以直接依据《著作权法》的规定要求侵权者停止使用非物质文化遗产作品和承担经济赔偿责任。非物质文化遗产作为人类历史发展长河中的无形文化资源，具有历史性，同时又随着社会生活的变迁，在原始非物质文化遗产的基础上进行更新，非物质文化遗产是动态发展的。如果对非物质文化遗产的保护进行时间限定，一方面，非物质文化遗产的经济价值可能远远超过50年的期限，但却因为过了保护期限而使权利人得不到应有的经济收益。另一方面，时间限定则极可能使权利人过度耗尽其经济价值而使之受损。①

最后，版权法定权利与非物质文化遗产的保护要求存在不一致性。《著作权法》第10条规定了权利人对其作品享有的17项法定著作权，包括发表权、署名权、修改权、保护作品完整权等4项身权，以及复制权、发行权、出租权、展览权、表演权、放映权、广播权、信息网络传播权、摄制权、改编权、翻译权、汇编权、应当由著作权人享有的其他权利等13项财产权。著作权人可以许可他人行使，也可以全部或者部分转让第5项至第17项规定的权利，并依照约定或者《著作权法》规定获得报酬。非物质文化遗产的保护，除了与版权保护有相同或类似的权利要求，如表明作品来源，使用需要取得许可并支付费用等外，在具体权利内容以及权利的行使方式方面，还是存在明显的差异。例如，版权可以转让，但非物质文化遗产显然不具有可转让性。而非物质文化遗产的商业化开发利用，也并不一定都能归入版权的权利控制范围，即通过版权许可来确定双方的权利义务。也就是说，版权保护模式对非物质文化遗产的使用、许可、转让等实际上是无法运作的，非物质文化遗产无

---

① 参见冯晓青：《非物质文化遗产与知识产权保护》，载《知识产权》2010年第3期。

法通过版权保护模式获得可持续发展。且非物质文化遗产具有活态性特征，其在文化市场中是不断变化与更新的。如传统技艺、口头作品等表达形式的非物质文化遗产，其创作过程也是劳动人民智力的体现，而由于《著作权法》采用"思想与表达"二分法原则，现行《著作权法》无法对这一智力活动提供相应保护措施。①

① 参见吴汉东主编：《知识产权法学》(第六版)，北京大学出版社2014年版。

第四章　传统年画版权保护中的问题

一、传统年画的版权

传统年画是中国民俗文化的图解，是中国特有的民间文学艺术，亦是常见的民间文学艺术作品，其艺术风格与文化内涵完美结合，承载了民众的集体审美取向和文化祈求。同时，民间文学艺术是非物质文化遗产这个范畴中意义重大的一部分，且数量和表现形式多种多样。所以，传统年画既是典型的民间文学艺术作品，也是国家非物质文化遗产。

民间文学艺术可分为母型和子型两个部分，母型是体现特定文化品质或特性的基本范式，如民间故事的“脚本”、剪纸的“式样”，民间舞蹈中的基本动作和旋律，民间工艺中的造型风格等。子型则是母型的再现、模仿、表演、汇编或演绎的成果，民间文学艺术子型是母型的现代化表达，母型是隐藏在子型背后的传统文化形态。[①] 对于传统年画中属于民间文学艺术子型的范畴，是文学、艺术、科学领域的智力成果，属于我国《著作权法》第6条规定的民间文学艺术作品，在我国应享有《著作权法》的特别保护。而民间文学艺术作品区别于民间文学衍生作品。民间文学艺术衍生作品，是指根据民间文学艺术作品通过收集、整理、翻译、汇编、改编等手段演绎而形成的作品。对于民间文学衍生作品应属于一般作品，受《著作权法》的一般保护。

由前文可知，传统年画属于民间文学艺术作品，而由之衍生的大量近现代作品则属于民间文学艺术衍生作品的范畴，对于这一类作品，多以美术作品的形式呈现，应通过我国《著作权法》进行一般保护。对于传统年画版权保护的探索，显然要充分运用现有的版权制度，同时在区分民间艺术作品与衍生作品的基础上，参照民间文学艺术作品的版权保护的模式和非物质文化遗产中适用《著作权法》进行保护的模式。

(一)从民间文学艺术作品和非物质文化遗产看传统年画保护存在的问题

如前所述，传统年画作为典型的民间文学艺术作品和非物质文化遗产，也存在民间文学艺术作品和非物质文化遗产在版权保护中普遍存在的问题，所以研究传统年画的版权保护，就应当细致探讨民间文学艺术作品以及非物质文化遗产的法律保护。

1. 全球范围内民间文学艺术作品保护的现状与发展沿革

在通过法律对民间文学艺术作品进行保护的问题上，发达国家和发展中国家形成了明显不同的观点。发达国家更倾向于将民

---

① 参见卢璐:《民间文学艺术权利主体研究》，西南政法大学2008年硕士学位论文，第9~10页。

间文学艺术认为是一种公有的资源。由于文明的起源和发展问题，发展中国家往往蕴藏着更为丰富的民间文学艺术资源，这恰好成为发达国家的商机，他们可以以此作为资源进行商业运作。为了获取更高的商业利润，他们以民间文学艺术作品的公有性质为由，主张无偿使用，这就极大地损害了原本创作、流传并保护这些民间文学艺术作品的民族的利益。

在此情形下，一些不发达国家尝试针对民间文学艺术作品进行立法保护。其中，非洲的突尼斯共和国就是全球首个采用著作权法保护民间文学艺术作品的国家。拥有丰富民间文学艺术作品资源的发展中国家在进行国内立法的同时，也主张全世界形成对民间文学艺术作品保护的统一格局。通过这样的努力，在保护民间文学艺术作品来源地经济利益的同时，也能更好地保护文化内核不在无端的商业滥用中被不断地改写和扭曲。

在这样的背景下，曾经有一系列全球性的条款文件出台，其中最具影响力的便是《保护民间文学艺术表现形式以抵制非法利用和其他不法行为的国内法律示范条款》(以下简称《示范条款》)。《示范条款》于 1982 年 6 月由联合国教科文组织与 WIPO 讨论通过。[①] 但是，《示范条款》因为其接受度和影响力的问题，并未发挥制定之初预期的效果和作用。主张民间文学艺术作品公有的国家，仍然未修订其国内法律，未表明对民间文学艺术保护的态度，更未体现《示范条款》的相关内容。由此可见，因世界各国对于民间文学艺术作品保护程度的不均匀，使民间文学艺术作品的版权保护仍然是世界范围内知识产权领域亟须解决的问题之一。

---

① 参见廖冰冰:《民间文学艺术表现形式概念及法例评析——以 1982 年〈示范条例〉为例》，载《广西民族大学学报(哲学社会科学版)》2014 年第 4 期。

根据我国《著作权法》第6条的规定，对民间文学艺术作品的保护内容和保护方式由国务院另行规定。但事实上该领域的进一步规定一直处于空白。究其原因，一方面是由于在对民间文学艺术作品进行著作权保护时，无论是主体、客体的确定，还是我国现行著作权的保护模式和规则，在具体运用到民间文学艺术作品这一范畴时都会呈现出更加复杂的问题。加之在世界范围内，对该领域的著作权保护并没有形成统一的标准和模式，因此对该问题的研究，仍然处于一个探索的过程。[①]

2. 民间文学艺术版权保护的理论问题

此前，学界有一种观点认为非物质文化遗产和知识产权存在根本的不同。单靠现行知识产权制度，难以对非物质文化遗产传承人在传承中形成的智力成果进行有效的保护。我国《非物质文化遗产法》中只有两条涉及非物质文化遗产的私法保护，[②]其中第44条规定，"使用非物质文化遗产涉及知识产权的，适用有关法律、行政法规的规定。对传统医药、传统工艺美术等的保护，其他法律、行政法规另有规定的，依照其规定"。第5条第1款规定，"使用非物质文化遗产，应当尊重其形式和内涵"。但是，凭借现有的法律条文，在实践中还是无法清楚地辨析法律对非物质文化遗产作为一种权利给予保护的边界。

有学者提出，能受到《著作权法》保护的非物质文化遗产需满足：(1)有明确的占有主体，既可以是个体、团体，也可以是族群和社区，这应该根据民族性和区域性的限制性条件予以判定。(2)有独创性和可复制性的客体。所谓的独创性，实质是作品或成果是

① 邵明艳：《让"乌苏里船歌"的歌声更悠扬——民间文学艺术作品法律保护的探讨》，载《电子知识产权》2005年第9期。

② 《非物质文化遗产法》第5条、第44条。

由特定的人类个体或群体通过智力活动而创造出来的。所谓的可复制性，是指保护的客体应是有形地被固定下来的作品，而不是创作思维本身。(3)内容属于民间文学艺术类的传统文化表现形式。由于非物质文化遗产分为工业产权型传统文化、民间文学艺术型传统文化和纯粹的传统知识三类。工业产权型传统文化主要是指传统标志和传统工艺技术；民间文学艺术型传统文化是指各文学，艺术(音乐、美术、书法戏剧、舞蹈等)，体育，杂技，游艺等；纯粹的传统知识是指宗教知识、哲学知识和民族语言知识一类的传统文化。能受到《著作权法》保护的应该只能是民间文学艺术型传统文化。①

其实，保护民间文学艺术和非物质文化遗产，除了要保护以其为核心产生的财产利益外，更多的还是保护一种精神上的资源。因为民间文学艺术和非物质文化遗产作为智力成果，往往是由一个民族数代传承后而形成的，其中充满了人的情感和心血。对其保护不充分，不仅损害了物质层面的利益，更多的是损害了精神层面的利益。

从现有司法判决不难看出，目前司法观点也是侧重于对权利人精神层面的保护，这也是民间文学艺术作品和一般《著作权法》保护的作品相比的特殊之处。

(二)司法实践得出的宝贵经验

结合我国司法实践，我国法院在审理民间文学艺术作品版权保护案件中形成了比较统一的裁判规则。这些裁判规则为我国民间文学艺术作品版权保护制度的建立提供了宝贵经验。

1. 民间文学艺术权利主体的问题。从广义上讲，民间文学艺

---

① 参见《民间文学艺术作品的知识产权法律保护》，载《今日科技》2016年第3期。

术作品是在特定民族或特定区域的群体间世代相传，体现该民族或该区域群体社会历史和文化生活特点的艺术表现形式。如传统年画，体现产地的独特民俗文化，可以说年画作品是民俗文化的再现和传承，而民俗文化孕育了传统年画这一独特的艺术表现形式。不同于《著作权法》保护的一般作品，民间文学艺术作品是在某个民族或某个区域的群体中持续创作并世代传承的结果，其主体不易确定，不具有创作者的个性特征，而是具有鲜明的民族风格和地方风格，可以说民间文学艺术作品是该民族全体的。将民间文学艺术作品作为某一特定民族群体共有的作品看待，有利于民间文学艺术作品的传承和发展，有利于尊重创作民间文学艺术作品的特定民族群体的民族感情。①

从司法实践的结果来看，民间文学艺术作品著作权的权利人应当是产生、传承该作品的特定区域民族或群体。而上述群体、民族所在的区域的政府应当有权代表该区域的上述群体维护权利。

2. 就目前而言，我国尚无健全的关于使用民间文学艺术作品的授权许可收费制度，所以在实践中往往都是直接使用。但无论是经过正式授权的许可，还是未经许可的直接应用，都应该在使用时尽到最基本的注明义务，即标注该民间文学艺术作品时应对创作民族和群体的名称予以明示。

3. 可以根据《著作权法》对于侵权行为的一般规定，对因使用民间文学艺术作品而造成侵权，且给相关权利人造成损失的，可以

---

① 参见邵明艳：《民间文学艺术版权保护法律适用问题研究》，"首届法律适用国际高层论坛"会议论文，2005 年 12 月于北京。

要求相关主体承担消除影响、赔礼道歉的法律责任。[①]

(三)民间文学艺术版权保护的可行路径

鉴于民间文学艺术作品版权保护中存在的困境以及司法现状,较为务实可行的保护路径为:

1. 可以将民间文学艺术作品的著作权赋予国家。在具体的著作权维权行为中,国家可将权利授予相关的行政部门或社会团体组织,由行政部门或社会团体组织来实际主张具体权利。当某一民间文学艺术作品受到侵害时,可以由创作、传承该作品的族群成员向具体的行政部门或社会团体提出申请,然后由行政部门或社会团体作为代表寻求司法保护。这样不仅能让民间文学艺术的创作和传承人迅速找到维权途径,也便于民间文学艺术作品著作权保护更有序、更规范地进行。

2. 建立健全的许可使用收费制度。完善的许可使用收费制度可以防止民间文学艺术作品的滥用,有助于在行业内建立起良性的使用许可制度,培养使用方的知识产权付费意识。此外,在民间文学艺术作品受到侵犯时,法院还能以此为依据准确认定侵权行为应承担的赔偿数额。

二、传统年画等非物质文化遗产版权保护的实践情况

非物质文化遗产是各族人民世代相传并视为其文化遗产组成部分的各种传统文化表现形式,以及与传统文化表现形式相关的实物和场所,其蕴含了最为本真的内涵和深远的精神根源。我国的非物质文化遗产是中华优秀传统文化的重要组成部分,是中华

① 黑龙江省饶河县四排赫哲族乡人民政府诉郭某、中央电视台、北京北辰购物中心侵犯民间文学艺术作品著作权纠纷案,北京市第二中级人民法院(2003)高民终字第246号民事判决书。

文明绵延传承的生动见证，是联结民族情感、维系国家统一的重要基础。保护好、传承好、利用好非物质文化遗产，对于延续历史文脉、坚定文化自信、推动文明交流互鉴、建设社会主义文化强国具有重要意义。党和政府高度重视非物质文化遗产保护工作，特别是党的十八大以来，在以习近平同志为核心的党中央坚强领导下，我国非物质文化遗产保护工作取得显著成绩。《知识产权强国建设纲要（2021—2035 年）》明确指出，加强遗传资源、传统知识、民间文艺等获取和惠益分享制度建设，加强非物质文化遗产的搜集整理和转化利用。

（一）其他地区木版年画的版权保护概况

汉族民间年画、门神，俗称“喜画”，旧时人们盛行于室内贴年画，户上贴门神，以祝愿新年吉庆，驱凶迎祥。每值岁末，城乡家家户户张贴年画、门神以及对联等，焕然一新，增添节日的喜庆气氛。此种习俗至今在中国广大农村依然流行。① 其中尤其以四川绵竹年画、天津杨柳青年画、山东潍坊杨家埠年画、江苏桃花坞年画在全国最为著名，它们被誉为中国“四大年画”。在关注绵竹木版年画知识产权保护之前，我们不妨先将目光投向其他地区木版年画的知识产权保护。

1. 山东潍坊杨家埠木版年画的版权保护

杨家埠木版年画是流传于山东省潍坊市杨家埠的一种民间版画。明代隆庆二年后，杨家埠年画艺人创立了“恒顺”“同顺堂”“万曾城”“天和永”四家画店。清代乾嘉年间，杨家埠木版年画开始兴盛，至咸丰年间达到鼎盛，一时间，当地出现了画店百家、画种上千的盛况，年画人才辈出，杨家埠木版年画曾行销大半个中国。

---

① 参见《年画贺新春》，载《海南人大》2007 年第 2 期。

1949 年后,因战乱而一度萧条的杨家埠木版年画枯木逢春,重新焕发了生机。1952 年,杨家埠木版年画印制 780 万张。1979 年,原潍县政府成立了杨家埠木版年画研究所,专门对杨家埠木版年画进行挖掘整理、研究创新。杨家埠木版年画制作方法简便,工艺精湛,色彩鲜艳,内容丰富。每年春节年画题材都会更换一次,许多新思想、新事物出现之后,马上就能够在年画中反映出来,对社会的进步起到一定的促进作用。另外,杨家埠木版年画还间接地记录下了中国民居和民间社会生活的情况,对于中国古代文化的研究有一定的参考价值。[①] 2006 年,经山东省潍坊市申报,杨家埠木版年画经国务院批准列入第一批国家级非物质文化遗产名录。在知识产权保护方面,杨家埠木版年画具有较为成熟和完整的传承和发展体系,营造了良好的知识产权保护的文化氛围和舆论导向,力求将知识产权保护意识深深植根于每一名传承人的心中。[②]

(1)建立文化集中宣传窗口

杨家埠民间艺术大观园创建在杨家埠旅游开发区的核心部位,园内设有年画博物馆、风筝博物馆、绘制馆等景点和展厅,成为杨家埠文化的集中宣传窗口。到馆游客身临其境,领略到历史上杨家埠人的生活方式,体会杨家埠人的民俗和民间风情。杨家埠年画博物馆的创建对于传承杨家埠木版年画深厚底蕴、记录发展历史、促进品牌传播具有十分重要的意义。

(2)培养木板年画的传承人

杨家埠年画的教学在当地中小学得以开展,中小学生在义务

---

① 参见《杨家埠木版年画》,载中国非物质文化遗产网 2021 年 10 月 23 日,http://www.ihchina.cn/Article/Index/detail? id = 13904。

② 参见李杰:《非物质文化遗产的著作权保护——以杨家埠木版年画为例》,兰州大学 2016 年硕士学位论文,第 10 ~ 15 页。

教育阶段便开始接触和了解本地年画文化,逐步培养起对本地年画的浓厚兴趣。传承人培训基地聘请优秀的年画艺人为讲师,吸纳中专、高中毕业生作为教学对象,为本地年画发展培养越来越多的传承人,起到了有效的孵化作用。通过对杨洛书等著名的杨家埠年画代表性传承人授予荣誉,鼓励代表性传承人持续创作,向年轻人传授丰富的年画知识和精湛的技艺。

(3)加强版权的服务和监管

地方政府组织开展打击侵犯版权的专项行动,突出整治伪造杨家埠木版年画的违法行为。由于宣传和倡导版权保护意识,使传承人依法维权的能力和水平大幅提升,杨家埠园区被授予地方“版权示范单位”“版权保护示范单位”的荣誉称号。山东省潍坊市于2013年被评为国家知识产权示范城市。

杨家埠木版年画知识产权保护的尝试,力求于将版权保护意识深深植根于每一名传承人的心中,坚定他们以诉讼等法律手段,积极应对任何侵犯版权的行为。2007年杨家埠木版年画代表性传承人杨洛书与中国画报出版社侵犯著作权纠纷一案,是我国民间文学艺术领域较为典型的著作权维权案例,成为此后司法实践中对于相关木版年画侵犯著作权纠纷案件审理的重要参考。

2. 杨柳青木版年画的版权保护尝试

在天津众多的民间艺术中,最具代表性的就是杨柳青木版年画。杨柳青木版年画发源于千年古镇杨柳青。明代永乐年间,京杭大运河的开通及天津漕运的兴起使杨柳青成为南北商品交易的重要集散地,经济日益繁荣。周边地区的木版年画艺人先后迁居杨柳青,发展业务。而杨柳青镇外盛产的杜梨木非常适宜雕版,有了这种可用的工艺材料,杨柳青木版年画随即兴起,并日益走向兴盛，出现了全镇及周边村庄“家家会点染，户户善丹青”的盛况。由于历史原因，杨柳青木版年画曾一度衰落。1949年后，经过人民政府的多次抢救、搜集、挖掘和整理，杨柳青木版年画又获得了新生。杨柳青木版年画题材广泛，内容丰富，构图饱满，寓意吉祥，雅俗共赏。它采用刻绘结合的手法，刻工精美，绘制细腻，人物生动，色彩典雅，成为我国著名的年画品种之一。杨柳青木版年画是中国年画艺术的代表，在中国民间文化和天津文化发展史上占有重要地位。挖掘、抢救、保护杨柳青木版年画，对天津地区民俗文化及北方年画乃至中国美术发展状况的研究具有重要意义。① 2006年，经天津市申报，杨柳青木版年画经国务院批准列入第一批国家级非物质文化遗产名录。杨柳青木版年画版权保护的尝试起步较早，近年来项目保护单位天津杨柳青画社积极作为，开展版权保护工作，取得了显著成绩。②

（1）开展基数普查工作

早在2003年，地方文化部门便成立年画普查编辑委员会，开展年画普查工作。普查对杨柳青木版年画行业中的习俗、口诀、作坊、传承人、市场以及制作的工序等方面做了全面的信息收集，共搜集古旧画版300多块，抢救挖掘整理杨柳青木版年画画样1500多种，搜集整理文字12万字，整理、汇编并出版了《中国木版年画集成·杨柳青卷》。

（2）强化人才传承培养

杨柳青木版年画传承人的培养采用传统的“师徒传承”和现代

① 参见《杨柳青木版年画》，载中国非物质文化遗产网2021年10月23日，http://www.ihchina.cn/Article/Index/detail?id=13899。

② 参见黄旭涛：《非物质文化遗产保护中的政府职责研究——基于杨柳青年画保护的调查》，载《理论与现代化》2014年第2期。

的“教育机构定向培养”结合的混合模式，尤其应予注意的是在九年义务教育的美术教材中纳入了杨柳青木版年画文化介绍、美学赏析等内容，同时联合高等、专业院校举办年画大专培训班、年画艺术专业班，为杨柳青木版年画行业输入了一半以上的从业人员。通过专业的、现代化教育，这部分人员具有更为法治化的年画保护及发展的思想和理念。

(3)营造年画生存的“软”“硬”环境

民居大院保护区的创建为杨柳青木版年画发展和保护提供了有效的硬件支持，非物质文化遗产宣传日、年画节等大型活动的持续举办有了固定的场地，有了承载着杨柳青木版年画文化的活动载体，使文化传承鲜活起来，人们以更为喜闻乐见的方式，于无形中沉浸在文化宣传的软环境之中。2016 年 5 月，天津市西青区被评为国家知识产权示范城市。

(4)充分发挥民间组织版权保护作用

天津杨柳青画社是国家级非物质文化遗产杨柳青木版年画的项目保护单位。画社利用自身资源优势，不断对这项非物质文化遗产进行深入挖掘，提炼年画经典元素，传承优秀传统文化，注册了大量的年画作品知识产权。同时，作为专业的美术出版单位，天津杨柳青画社在和作者签订图书专有出版合同的同时，对于有市场的画家签订独家出版协议，注重推出原创名家精品画册，以知名画家作品引领市场，推出如《陈逸飞》《何家英》《喻继高》等知名画家的经典美术出版物。同时关注美术技法图书和各类美术教学用书，形成了独有的品牌特色，每年推出新的技法图书系列。天津杨柳青画社作为天津文化第一品牌、中华老字号企业，紧随热点，不断推出联名款，注重加强与知名品牌的联名合作。通过品牌联合及授权的方式，开发了经典与现代相结合的系列文创产品，打造独一无二的品牌联动。联手外交部礼宾司、国家图书馆、故宫博物院、敦煌研究院、颐和园文创团队、京东文创团队，提炼年画中的时尚元素和文化内涵，挖掘年画中时尚、生动、高级的元素和图案中的潮流特色，使之发出时代最强音。

2019 青岛国际版权交易会上，天津杨柳青画社获得了“最佳 IP 赋能企业金奖”“最佳版权产品金奖”“最佳版权单位银奖”等多项荣誉。2020 年，国家版权局又授予天津杨柳青画社“全国版权示范单位”的称号。其发行的《杨柳青木版年画》（中英文版）获得第四届中国出版政府奖，其中德文版入选国务院新闻办“中国图书对外推广计划”；《中国杨柳青木版年画线版全集》入选“2020 年度国家出版基金项目”和“十三五”期间国家重点图书出版物出版规划。2021 年，天津杨柳青画社并入天津出版传媒集团，成为该集团的第 11 家出版单位，为非物质文化遗产传承发展提供更大平台。

3. 江苏桃花坞木版年画的版权保护尝试

桃花坞木版年画产生于明代，当时在苏州七里山塘和阊门内桃花坞一带有数十家画铺，年画年产量多达数百万张，故以桃花坞为名。桃花坞木版年画盛于清代雍正、乾隆年间。桃花坞木版年画曾流行江苏、上海、浙江等地，远销湖北、河南、山东各地，并流传到国外，日本的浮士绘等版画艺术受其影响甚大。桃花坞木版年画的画、刻、印分为三大谱系，在长期的创作、生产实践中，身怀绝技的老艺人各自摸索出了独特的经验，形成了一整套特殊的工艺制作程序。桃花坞木版年画继承了宋代的雕版印刷工艺，兼用人工着色和彩色套版，以门画、中堂、条屏为主要形式，题材多为祈福迎祥、驱凶避邪、时事风俗、戏曲故事等。近三十年来，随着人们生活方式的改变，桃花坞木版年画的实用功能大大减弱，而纯粹的观赏功能反而有所提高。市场的变化影响到桃花坞木版年画中传统技艺的留存,现代印刷技术的发展给传统木版年画的手工制版和印刷技巧造成巨大冲击。① 2006 年,经江苏省苏州市申报,桃花坞木版年画经国务院批准列入第一批国家级非物质文化遗产名录。早在 2001 年,苏州桃花坞木刻年画社整体划转入苏州工艺美术职业技术学院,将传统文化艺术的精粹置于高等艺术院校传承、研究和推广,在机制上是一种特殊的运行模式。②

(1)以教学夯实人才基础

当地专业院校结合传统工艺技法传承的师徒方式,利用现代教学手段,探索了个人工作室与集体研修班相结合的传承人培养和技法传承模式。凭借专业院校的教学资源,遴选优秀学生进入研修班,聘请学院专业教师讲授专业基础课,注重桃花坞木版年画文化和技法基础的培养。为年画传承人(老艺人)设立个人工作室,全国、省级非物质文化遗产的传承人进入"大师工作室"作为原传承人,面向研修班学员亲自授课,培养新的年画传人,传授传统年画技法。

(2)以科研提升文化质量

当地专业院校内设立桃花坞木版年画研究所,为与年画有关的学术研究、课题开发、理论研讨提供了一个学术研究平台。专门的研究人员通过文字、摄影等形式,记录年画老艺人印刷的全过程,形成"桃花坞年画印务研究",并以此为基础拍摄了《阊门桃花坞——口述历史》纪录片。以课题申报为研究推力,争取经费,其中课题《桃花坞木刻年画访谈录》被批准为江苏省高校哲学社会科

① 参见《桃花坞木版年画》,载中国非物质文化遗产网 2021 年 10 月 23 日,http://www.ihchina.cn/Article/Index/detail? id = 13902。

② 参见程颖:《非物质文化遗产桃花坞年画保护与传承的新模式》,载《苏州工艺美术职业技术学院学报》2010 年第 4 期。

学基金资助项目。组织专人编写《桃花坞木刻年画作品与技法研究》，整理、汇编并出版了《苏州桃花坞木刻年画》画册，画册采用手工印制的原作年画。为了更好地研究桃花坞木版年画历史和作品，当地专业院校持续举办桃花坞木版年画研讨会，汇集来自各界专家的研究成果，聆听当代民间艺术保护与传承的最新理念。正是借助了科学研究平台，桃花坞木版年画的保护水平和质量同步提升，以最新的研究成果和发现促进桃花坞木版年画自身的可持续发展，进而在研究和保护中不断探索非物质文化遗产的新领域。

（3）以产学促进市场发展

当地专业院校有着学院多学科领域的综合优势，同时与视觉传达、工业设计、外观装饰、服装设计等学科以及其他非物质文化遗产项目开展交叉联动，以桃花坞木版年画为主题 IP[①]，开展综合开发和设计创造。例如，将丝绸与桃花坞相结合，将桃花坞木版年画融入以丝绸为载体的服装设计中，设计并制作了一系列丝绸款式的服装。按照相关版权保护程序，对“桃花坞木版年画”传统工艺品进行了品牌注册，树立了品牌形象。以年画为题材、各种不同材料为载体，系统开发礼品和旅游纪念品，如文化衫、瓷器、刺绣等几十种相关的桃花坞木版年画礼品、纪念品。桃花坞年画社的老艺人带领年画研修班的新传人，先后复制了《三神图》《鱼篮观音》、乾隆版的《一团和气》等大幅木刻版，为传统年画的传承、记录与推广发挥了积极的作用。

（4）以服务发挥社会价值

物质文化遗产属于全社会，不能因为保护非物质文化遗产，就

① IP，Intellectual Property，知识产权。

将其束之高阁。自2005年开始，桃花坞木版年画巡回展在全国重点城市高校接连举办，传统艺术走进高校活动获得了良好的社会效益。“戏出桃坞——苏州桃花坞木刻年画精品展”在北京国家大剧院开幕。桃花坞木版年画被搬上了北京国家大剧院的舞台，在高雅艺术的最高殿堂上演了一出民俗文化的大戏。

桃花坞木版年画依托于高等艺术院校，借助高校教学和研究的优势，形成了立体式的传承保护与发展创新并举的文化传承模式。关于苏州工艺美术职业技术学院对桃花坞木版年画保护和传承的探索，虽只代表了高等院校对非物质文化遗产保护和传承模式的探索，但以此为借鉴，启发关于木版年画知识产权保护中、高等院校如何参与其中，并充分发挥研学资源优势的思考，通过在此领域的深入实践，丰富和完善高等院校参与保护非物质文化遗产的实践与探索。

（二）其他非物质文化遗产的版权保护尝试

年画产业中较为有代表性的天津杨柳青木版年画、山东潍坊杨家埠木版年画、江苏桃花坞木版年画，它们在传承和版权保护中有不同的尝试。其他与传统年画在艺术门类较为接近的非物质文化遗产的知识产权保护实践，也值得研究和探讨。

1. 安顺蜡染的版权保护尝试

贵州省安顺市的蜡染具有悠久的历史，早在春秋战国时期，这里的居民就已经掌握了蜡染制作工艺。1987年，在安顺市平坝县苗族洞葬群棺墓中发掘出宋代蜡染衣裙，色彩艳丽，图案严谨，充分展示了安顺蜡染的高超技艺。安顺蜡染主要分为苗族蜡染和布依族蜡染两大类。苗族蜡染在安顺38个苗族支系中均有分布，所染图案丰富多彩，包括古老传说和原始认知等内容，集中反映了古代先民的自然崇拜和图腾崇拜意识。布依族蜡染主要分布在镇宁、关岭、黄果树等县区，染出的成品构图巧妙，变化多端，纹样多为写实的花鸟鱼虫或抽象的螺旋、水波、菱形、云雷等几何图形，表现了人们对宇宙的认知、对自然山川的崇敬和对美好生活的追求向往。安顺苗族蜡染和布依族蜡染除图案有异外，制作工具、原料及工艺流程基本相同，均是以铜制蜡刀蘸蜡液后在白布上勾勒图案，经过浸染等工序制成蜡染品。安顺蜡染行业中不乏画蜡技艺高超的民间工艺大师，她们曾远赴欧美表演蜡染技艺，所到之处赢得一片赞誉。安顺蜡染是民族工艺中的一朵奇葩，具有较高的历史学、民俗学和少数民族地方文化研究价值。① 2008 年，经贵州省安顺市申报，安顺蜡染经国务院批准列入第二批国家级非物质文化遗产名录。当地政府对安顺蜡染的知识产权保护采取了更为强力的政府介入的行政措施，这与安顺蜡染从辉煌走向没落的其中一项重要原因相关——盗版侵权泛滥，市场失序。面对日益猖獗的盗版侵权行为，权利人的维权过程可谓漫长而艰辛。但人的精力毕竟是有限的，维权时间与从事创造的时间是此消彼长的关系。维权时间和精力投入越多，投入创造的时间就越少。通过政府管理的介入，对侵权进行制裁，对失序的市场进行规范，使知识产权制度功能得以发挥，市场回归理性发展。②

（1）建立行业技术标准

任何一个成型的行业均应该有一套自身的标准规范，技术标准对于产品质量、政府监管以及司法保护的影响极为重要，非物质文化遗产的保护也不例外。安顺蜡染制品标准是全国首个蜡染地

① 参见《蜡染技艺》，载中国非物质文化遗产网 2021 年 10 月 25 日，http://www.ihchina.cn/Article/Index/detail? id = 14301。

② 参见黄光美：《政府管理视角下的安顺蜡染知识产权保护》，载《魅力中国》2010 年第 23 期。

方标准,该标准内容包含产品鉴定、生产工序等内容。标准的出台极大地促进了蜡染制品的工业化发展,促进了市场的有序竞争,也为有关蜡染版权方面的政府管理和司法保护提供了有章可循的审查依据,为非物质文化遗产的版权保护提供了标准先行的范例。

(2)加强数据化信息建设

建立传统知识数据库是行政管理时代化的要求,也是安顺蜡染版权保护的关键。传统知识数据库的建立为建构传统安顺蜡染保护制度提供了实证研究的数据,便于著作权、专利权、商标等知识产权的一体化研究和管理,为在推进安顺蜡染现代化发展中面临的市场化决策和产权保护提供重要支撑。

(3)开展常态化维护监管

常态化维护安顺蜡染版权的核心部门是行政机关。地方政府对于版权常态化维护的内容主要包括,研判蜡染行业发展趋势,制定工作方针、计划和具体实施的规范性文件,更新和运用传统知识数据库,充分发挥数据研判、监管的效能,提供知识产权维权咨询服务,接受处理知识产权侵权投诉案件,开展入户检查,定期打击盗版侵权行为,建立版权不良信用名单,组织安顺蜡染的文化推广活动。版权常态化维护是一项专业性较强的工作,为此地方政府成立了专门的知识产权管理办,调整人员结构,安排有法学、社会学等背景的人员作为骨干力量,规范、合法、适当地开展维护工作,以确保行政权力不越界、行政行为不过度,保证市场的活力。

(4)着重传承人管理培养

对于非物质文化遗产传承人的管理和培养是非物质文化遗产保护中的重中之重。当地政府认为蜡染传承人的管理和培养更重要的是为蜡染的发展缔造人文氛围。打造蜡染文化街是其中一项的重要举措。作为蜡染文化和工业品牌的展示窗口，蜡染文化街为蜡染传承人的管理和培养提供了一个重要的宣传和工作的阵地。与其他的非物质文化遗产集中宣传窗口类似，大多数安顺蜡染的宣传和交流活动也在此举办，蜡染传承人相互交流蜡染技艺、作品，对外展示蜡染文化的魅力，让传承人得到了更大程度的群体认同。

安顺当地政府已全面介入对安顺蜡染知识产权的开发、利用和保护工作中，由专职的知识产权部门和知识产权管理人员利用经济、技术、法律、文化、教育等手段实施有计划、有组织的活动，该方式正是对一些学者观点的践行——“在一些市场经济最为发达的国家和知识产权制度运行最为成功的国家无一例外地选择了进一步加强在知识产权制度运行中行政权力的介入，将政府管理融入知识产权制度”①。

2. 石林彝族自治县的知识产权保护尝试

石林彝族自治县境内有世界自然遗产，世界地质公园，国家5A级景区——石林风景名胜区、国家级圭山森林公园。彝族撒尼语口传叙事长诗《阿诗玛》《彝族三弦舞（撒尼大三弦）》《彝族（撒尼）刺绣》《摔跤（彝族摔跤）》4项国家级非物质文化遗产保护名录。“石林甜柿”“圭山山羊”“石林乳饼”“石林人参果”4项国家农产品地理标志认证产品。“路南卤腐”国家地理标志保护产品。寺背后村、糯黑村2个“中国少数民族特色村寨”，糯黑村被列入第

① 刘华：《论知识产权制度运行中的政府管制》，载《中国科技论坛》2005年第1期。

二批中国传统村落名录。① 石林彝族自治县的非物质文化遗产的知识产权保护工作起步较早,取得了一定成效,对于非物质文化遗产版权保护的实证研究分析具有积极的价值。②

(1)建立地区非物质文化遗产档案库

石林彝族自治县比大多数非物质文化遗产保护地更早地开展了非物质文化遗产的普查、整理和申报工作。通过对辖区内的传统民间、民俗和民族的文化、活动和艺人开展普查甄别,对属于非物质文化遗产及其传承人的项目、人员予以统计、归档,定期申报、更新,2000 年之前,石林彝族自治县就已建立起了本辖区的非物质文化遗产档案库。

(2)全面建设传统文化宣传窗口

石林彝族自治县注重文化保护的硬件设施投入,建立了 13 个传统文化保护区,并以阿诗玛文化为本地特色文化进行保护,打造了 7 个阿诗玛文化生态村以及阿诗玛文化传习场所,以求对彝族传统的建筑、语言、文字、文学、音乐和美术等进行更为活态的保护。同时以成片的、具有不同特色的文化旅游景点,向本地居民及过往游客充分展示当地传统文化及非物质文化遗产的魅力。

(3)开展保护濒危非物质文化遗产项目

非物质文化遗产的保护和发展不能信奉自由主义的市场调整理论,更不是优胜劣汰的强者生存理论,必要时需要地方政府对濒危非物质文化遗产开展抢救工作。石林彝族自治县在此方面的工作具有显著的成效,以传承人培养为工作重点是值得借鉴的经验。

---

① 参见《石林概况》,载石林彝族自治县人民政府网 2021 年 10 月 25 日,http://www.kmsl.gov.cn/slgk/。

② 参见王瑞龙、李静怡:《非物质文化遗产知识产权保护的实证分析——以云南石林彝族自治县为例》,载《中南民族大学学报(人文社会科学版)》2012 年第 1 期。

在大三弦的保护中，地方政府通过对传承人命名、给予荣誉等方式，提升传承人的自我认同和社会地位，并举办了一系列面向社会的培训，促进了该项传统文化的传承和发展。在彝族刺绣的保护中，以利益促进参与，给予传承人补助经费；同时创建了彝族刺绣协会，传承人通过组织集体代表的方式，拥有了更多的行政决策的参与权、话语权，极大地促进了彝族刺绣的传承。地方政府坚持保护为主、合理使用的原则，落实各项传承人培养计划，是大三弦、彝族刺绣等曾经濒临消失的传统文化，至今得以持续传承和良好发展的重要原因。

(4)实现民间文艺实体化

民间文艺的版权保护往往苦于缺乏实体化智力成果的载体，而难以证明侵权事实的存在。实体化民间文艺是实现有效的知识产权保护的重要措施，其中石林彝族自治县对于口述作品的采集、汇编、演绎尤为引人注目，不乏耳熟能详的作品，如《斗牛的故事》《洪水滔天史》《火把节的传说》等神话传说和民间故事。有本地文化瑰宝之称的阿诗玛文化的演绎作品更是闻名世界，《阿诗玛文化丛书》的出版，各类“阿诗玛国际学术研讨会”“阿诗玛文化展览”的开展，以及相关影视作品的热播，使阿诗玛文化走向世界。

三、绵竹木版年画的版权保护机制

随着现代化进程的不断加快，传统社会环境发生了很大的改变，客观上对绵竹木版年画赖以生存的民间文化土壤造成了一定程度的影响，使绵竹木版年画绘画技艺的传承面临着巨大的威胁。近年来，地方政府积极开展对绵竹木版年画的传承和保护工作，以促进绵竹木版年画适应新的社会形势，取得了明显成效，其中在构建版权保护机制方面尤为值得关注。

（一）颁布实施全国首部年画保护地方性法规

《德阳市绵竹年画保护条例》于2019年8月28日经德阳市第八届人民代表大会常务委员会第二十四次会议通过，并于2019年9月26日经四川省第十三届人民代表大会常务委员会第十三次会议批准，自2020年1月1日起施行，该条例也是我国首部针对年画保护的地方性法规。《德阳市绵竹年画保护条例》作为国内首部针对年画保护的地方性法规，是我国关于非物质文化遗产保护与传承立法的有效尝试，也是研究者在讨论绵竹木版年画的版权保护经验时的重要文献参考。实际上，针对非物质文化遗产的保护，2011年，我国就已经实施了《非物质文化遗产法》，2017年，四川省也通过了《四川省非物质文化遗产条例》。但在实际运用中，非物质文化遗产还有个重要特点，是资源多，较分散，每一种非物质文化遗产可能都需要更加精准的定义，需要依托一个地方精准管理。因此，更"小切口"、接地气的《德阳市绵竹年画保护条例》，就显得十分实用。《德阳市绵竹年画保护条例》规定了当地相关部门对于调查掌握年画资源的权责，从而为掌握当地年画资源全貌奠定了基础。《德阳市绵竹年画保护条例》通过列举的方式明确了绵竹木版年画保护的资源范围，规定了建立绵竹木版年画保护目录的制度和评审程序，建立绵竹木版年画衍生品保护目录制度，设立保护专项资金，为年画保护、传承推广和传播利用等确立了制度和资金支持，鼓励和引导绵竹木版年画行业组织、生产企业和公民个人增强版权保护意识，规范生产经营，维护合法权益。《德阳市绵竹年画保护条例》第22条规定："鼓励和引导绵竹年画行业组织、生产企业和公民个人依法申请绵竹年画及衍生品注册商标或者专利，规范使用地理标志证明商标、集体商标，加强知识产权保护，规范生产经营,维护合法权益。”该条明确规定了年画知识产权管理,让这一领域的市场竞争更加有法有序,用这种更加精准的法治,推动非物质文化遗产保护开发的公平规范,激励更多人参与到这个领域中来,把资源盘活、用好,发挥非物质文化遗产的强大文旅带动力。

“徒法不足以自行”。《德阳市绵竹年画保护条例》颁布施行后,相应配套制度与措施也得以推进落实。绵竹市制定的《绵竹市服务业发展奖励补助资金管理办法(试行)》等相关文件要求,每年为绵竹年画预算 50 万元以上的专项资金。《绵竹年画县级代表性传承人年度考核办法(试行)》,从 2020 年起对全市 28 名县级传承人开展考核评估工作,初步建立和形成绵竹木版年画传承人保护激励机制。德阳市文旅局印发了《绵竹年画保护目录评审工作规则》和《绵竹年画工匠评选认定办法》,对于绵竹木版年画保护目录及工匠评选工作予以进一步细化,进一步加强了法治保障。

《德阳市绵竹年画保护条例》实施后,提振了行业发展信心、激发和释放行业活力的作用迅速显现,一些本地年画企业纷纷加大产业投入,投资建立具有一定影响力的品牌基地。有行业的资深从业人员称:“《条例》让他吃了一颗‘定心丸’,让我们年画从业人员和企业从‘游击队’变成了‘正规军’。”①尽管关于《德阳市绵竹年画保护条例》的细化的配套制度仍在持续完善,但是机构职责、资金保障、人员保障等细节的明确,提振了传承人的信心和底气。可以说,《德阳市绵竹年画保护条例》的出台和施行,探索了以“小切口”立法保护具体非物质文化遗产项目的新思路,不仅为提振绵

① 余如波:《绵竹年画“活态传承”显现活力》,载《四川日报》2021 年 1 月 6 日,第 8 版。

竹年画行业发展信心、激发和释放行业活力发挥了重要作用，更将促进传统技艺的保护和传承，让宝贵的民族文化遗产绽放时代华彩。

（二）构建以各级政府为主导的非物质文化遗产保护单位体系

《德阳市绵竹年画保护条例》实施后，调查清理年画历史档案资料 1122 种，整理年画文物 86 件，其中二级文物 14 件、三级文物 72 件，复制雕刻蟾宫折桂、赵公镇宅、寿天百禄等 10 件传统题材年画古版。积极开展年画理论研究，先后出版了《绵竹木版年画传承人口述史》《绵竹年画技能大师工作室》《绵竹年画的探索与实践》等理论研究成果。建立绵竹木版年画保护目录、工匠评选、传承人考核等制度，具体包括传统绵竹木版年画的特色制作工艺、材料工具的制作方法及相关实物、采取传统工艺制作的优秀作品、反映传统绵竹木版年画的历史文献资料、与绵竹木版年画工艺传承相关的场所等。采取多种形式对绵竹木版年画制作技艺开展保护，逐步建立技艺档案，形成绵竹木版年画长效保护机制。完成国家级传承人李方福老师关于绵竹木版年画手工上色、粉笺纸制作等技艺的视频录制工作。对省级传承人刘竹梅老师的年画技艺开展抢救性记录工作。由“保护单位”作为桥梁，具体对该非物质文化遗产项目已进入公有领域的内容（如基本制作工艺和流程等）进行确定，明确具有公有文化遗产属性的遗产内容，采用现代化手段对非物质文化遗产进行保护性记录。由此，绵竹木版年画非物质文化遗产档案初步建立，完成了年画资源调查和国家级、省级传承人年画技艺的抢救性保护记录。档案内容能起到“实质性保护遗产”的作用，同时也让非物质文化遗产传承人知道有一个“公知技术内容库”，可以比对其创新内容，在创新传承中明确知道自身应受保护的权利范围。

建立绵竹年画博物馆、绵竹遵道年画传习所、绵竹年画村等保护传承平台，加大政策和资金支持力度，制定《绵竹市服务业发展奖励补助资金管理办法（试行）》，对新申报成功的非物质文化遗产代表性项目和代表性传承人进行奖励补助，积极推介知识产权等轻资产抵押贷款，着力解决绵竹木版年画企业融资难的问题，促进年画企业规模化、产业化发展，并做好必要的资金保障。

维护老字号与非物质文化遗产技法传承发展的良好环境。大力推进绵竹木版年画地理商标注册登记工作，规范年画商家企业生产经营，维护年画企业合法权益。从 2016 年起，对户籍在绵竹市行政辖区内著作权人的作品知识产权实行免费登记。绵竹辖区内作品创作人员可前往市文体广电出版局办理登记手续。市文体广电出版局鼓励各企事业单位、个人对自己创新创作的内容进行知识产权登记保护，留下知识产权登记保护、知识产权交易的法律依据。为更好地保护"绵竹年画"品牌价值，做好绵竹市区域公共品牌培育工作，绵竹市拟授权"绵竹市绵竹年画发展促进会"以其主体名义申请注册"绵竹年画"集体商标，由其对该商标进行相关管理维权。目前国家知识产权局已经接受绵竹木版年画集体商标申请材料。鼓励绵竹木版年画代表性传承人、民间艺人、年画企业及从业人员积极进行绵竹木版年画知识产权登记。

加强和丰富绵竹木版年画宣传教育工作。连续举办"绵竹年画节"，继续打造"到绵竹过中国年""在年画背景上灿烂"品牌，开展绵竹木版年画群众性民俗文化活动。安排市教育局组织编写绵竹年画知识读本。绵竹市职业中专学校设置年画相关专业，自编年画专业相关课本。举办"绵竹年画传承培训班"，邀请国家级、省级年画传承人及省内外专家学者来绵竹举办非物质文化遗产讲座、年画专业培训班，开展年画进校园等活动，促进年画技艺的传承。“中国非物质文化遗产传承人群研修研习计划”四川大学2020年木版年画研修班在绵竹开班,年画大师和高校教师携手,培训来自四川绵竹、夹江、梓潼和重庆梁平年画产地的学员20名。作为授课专家之一的胡光葵希望在培养年轻年画艺人外,进一步出台配套激励政策,吸引更多人进入年画行业。2020年1月新冠肺炎疫情暴发,绵竹年画博物馆工作人员连夜创作防疫宣传年画《出门一定戴口罩》《防控疫情 注意事项》《众志成城 齐心协力防控疫情》《向广大医务工作者致敬》,为抗疫一线的工作者加油,为疫情防范服务。这组内容丰富、特色鲜明的年画一经面世便广受欢迎,被新华社、央视新闻、人民网、文旅中国、川报观察等各大媒体报道采用,在网络上广为流传,为抗击新冠肺炎疫情贡献了“非物质文化遗产”力量。2020年11月,在党的十九届五中全会胜利闭幕之际,绵竹木版年画传承人群共同协作创作出《党的第十九届五中全会精神年画读本》,以活泼生动的年画图案深入浅出地宣传和诠释党的十九届五中全会精神,获得各级部门的赞誉。

(三)纳入国民经济和社会发展规划

地方政府认识到,绵竹木版年画的知识产权保护是长期性、持续性、综合性的艰巨任务,绝非一劳永逸、一蹴而就的工作,应站在宏观的角度,从地方的整体利益出发来制订计划、采取符合地方经济、社会、文化发展的具体措施。[①] 对此,德阳市将绵竹木版年画保护工作纳入“十四五”国民经济和社会发展规划,并将绵竹木版年画保护有关项目纳入“十四五”重点项目,为绵竹木版年画行业融合和长远发展奠定坚实基础;其打造的中华年俗村文旅融合发展

① 参见周靖:《用活立法权 德阳护航年画传承》,载《四川法治报》2021年2月24日,第2版。

项目2020年入选“四川省文旅融合示范项目”，获批1000万元奖励资金。德阳市文旅局与中国邮政绵竹支公司合作，设立“绵竹年画主题邮局”。将年画文化与邮政文化融合，在孝德年画村建设完成年画主题邮局，多渠道传播推广绵竹木版年画文化。绵竹市拟在其“中华年俗村”打造一家研学基地，将面向中小学生推出年画制作、农耕文化体验，计划两年内投入400万～600万元，用于年画衍生品的开发和生产；同时，筹建中国非物质文化遗产线上培训推广平台，以中英文两个版本呈现，首推绵竹木版年画。

《德阳市绵竹年画保护条例》的出台及其相关配套措施的落地，将更有利于绵竹木版年画这种地方性优秀传统文化的保护和传承，同时也为绵竹木版年画产业有序、规范发展提供法律保障，为绵竹木版年画知识产权保护工作提供了直接的依据和着力的基础，进一步促进绵竹木版年画产业的发展壮大，也势必将对绵竹文旅深度融合产生积极而深远的影响，为全国年画振兴作出绵竹的贡献。

四、绵竹木版年画及其他类似作品的版权保护经典案例

在年画作品保护实践中，也具有一些代表性的案例，以下通过具体的案例分析，探索绵竹木版年画知识产权的保护。

（一）四汇斋起诉的版权侵权案①

1. 案情介绍

原告四川四汇斋年画有限公司为《民主》年画的著作权人，于2014年6月23日在国家版权局办理了作品登记，原告对该作品享

① 四川四汇斋年画有限公司诉四川省东圣酒业股份有限公司著作权权属、侵权纠纷案，四川省德阳市中级人民法院(2021)川06知民初2号民事判决书。目前在二审阶段。

有合法的著作权。而后,原告在部分地区发现被告在未经原告许可的情况下,大量生产、销售、许诺销售外包装上印有原告《民主》作品的金属瓶装白酒。被告东圣酒业公司以促销获利为目的,在事先未取得原告授权同意下使用其作品牟利,其行为侵犯原告的著作权。

被告辩称:(1)原告对涉案作品《民主》不享有著作权。因为著作权在登记时不会对作品进行实质审查,而涉案系列作品均是对他人在先作品的抄袭、剽窃,是在《童趣百图》等书籍中的美术作品基础上进行篡改、拼凑、嫁接组合,缺乏智力创作劳动,不具有独创性,不属于《著作权法》保护的对象。(2)被告使用涉案作品是因为曾经的原告法定代表人口头许可。并且,原告之前已经在网络上发表涉案作品,且并未加注版权声明。所以被告不具有主观恶意。反而,被告使用涉案作品本在正面宣扬和传播社会主义核心价值观。被告认为原告在诉讼中存在滥用诉权、恶意诉讼等问题。(3)被告生产销售的产品并非美术作品,故产品利润不能作为侵权违法所得。

2. 裁判要点

具有独创性是构成作品,受《著作权法》保护的前提,即本案中原告所主张的涉案美术作品是否具有作品所要求的最低限度的创作高度,法庭需进行审查。本案中,尽管涉案美术作品《民主》与《童趣百图》中的作品构成相似,但《民主》的作者通过色彩的选择和运用,背景元素的布局和搭配,使涉案美术作品《民主》形成与《童趣百图》相关作品不同的风格,带给观赏者不同的感受,可以认定涉案美术作品《民主》的作者在创作过程中投入了一定的智力性劳动,涉案美术作品《民主》具有一定程度的独创性。

涉案美术作品《民主》虽然在网络上发表,但系相关新闻媒体以新闻报道的形式向社会公众进行传播。而本案中，被告是将涉案美术作品用于产品装潢，显然是出于商业目的，并非《著作权法》第24条规定的合理使用，不具有法定免责事由。

本案中，被告未经原告允许将原告享有著作权的美术作品《民主》复制在其生产的金属瓶上，并以出售方式向公众提供涉案美术作品，侵犯了原告涉案美术作品的复制权和发行权。

对于违法所得，根据《著作权法》第54条规定的违法所得，是指被告因实施侵权行为的违法所得。本案中，被告并非复制涉案美术作品后对外销售，而是将涉案美术作品用于其生产的金属瓶装潢之上并对外销售，故被告因实施侵权行为的违法所得不能简单地以其生产销售被诉侵权产品的利润作为其违法所得，还应当考虑涉案美术作品对被告所获利润的参与度和贡献度。从在案证据来看，被告因实施侵权行为的违法所得难以计算，故法院参照原告美术作品《民主》权利使用费的情况确定赔偿数额。关于为制止侵权所产生的合理开支，原告虽未提供相关票据，但其申请公证证据保全、聘请律师参加诉讼必然产生费用，应当酌情予以考虑。本案一审法院判决被告的行为构成侵权，需承担相应的经济赔偿责任。

3. 法律分析

从非物质文化遗产、民间文化艺术作品版权保护的角度来看，本案中的作品是被作为普通美术作品来看待，这就涉及了民间文学艺术作品和民间文学艺术衍生作品的区分。在本案中，《民主》年画虽然具有民间文化艺术的特色，其创作风格直接受到了传统年画的影响，但是其题材、思想均取材于当代，仅是用传统的风格创作了新的画作，属于对民间文学艺术作品进行了再创作，将其认定为民间文学艺术衍生作品，以一般作品进行《著作权法》的保护是合理的。

（二）杨洛书诉中国画报出版社《杨家埠年画之旅》著作权侵权案[①]

1. 案情介绍

原告杨洛书出生于山东潍坊杨家埠木板年画世家，是杨家埠百年名号“同顺德”画店的第十九代传人。杨洛书的作品主要包括《水浒全集木版年画集》《西游记木版年画集》《红楼梦木版年画集》等。2006年1月，中国画报出版社出版《杨家埠年画之旅》一书，该书未经杨洛书许可使用了署名“杨洛书”的年画8幅，署名“同顺德”画店的年画8幅，共计16幅。杨洛书以侵犯著作权为由诉至法院，一审法院判定中国画报出版社侵犯著作权。中国画报出版社不服，上诉至山东省高级人民法院，二审法院仍判定中国画报出版社构成著作权侵权。

2. 裁判要点

在本书中，我们主要关注的是中国画报出版社出版的杨洛书的16幅年画是否构成合理使用。二审法院观点如下：(1)从《杨家埠年画之旅》一书的整体内容来看，该书通篇内容并非对年画本身的具体介绍或评论，其中“年画‘神话’杨洛书”一章，虽然涉及了对杨洛书年画作品的简单介绍，但篇幅极少，更多篇幅文字与具体作品的评价、介绍相去甚远，整体体现为对杨家埠年画制作人物、事件及作者游历的叙述、介绍。因此，从内容分析本案中对涉案作品的使用并非对年画作品本身的评价、介绍。(2)从作品使用的章节及数量来看，该16幅作品所具体出现的位置，与该章节中对杨洛书年画作品的简单介绍联系性不强，同时选用作品的数量也超出

① 杨洛书与中国画报出版社、杨福源侵犯著作权纠纷案，山东省潍坊市中级人民法院(2006)潍民三初字第57号民事判决书；中国画报出版社与杨洛书侵犯著作权纠纷上诉案，山东省高级人民法院(2007)鲁民三终字第94号民事判决书。

了简单介绍的幅度。因此，从作品使用的章节及数量来看，本案中对涉案作品的使用超出了对年画作品本身的评价、介绍。(3)从上述16幅作品的使用效果来看，上述年画作品的使用增强了《杨家埠年画之旅》一书的欣赏性、收藏性。从使用效果来看，本案中上述作品的使用客观上阻碍了年画作品作者独立行使上述作品的复制权和获得报酬的权利。综合本案中《杨家埠年画之旅》一书对他人作品的使用情节，该书使用上述16幅涉案作品不属于对某一作品具体介绍或评价，超出了《著作权法》规定的对作品的合理使用范畴。

3. 法律分析

综观此案，《著作权法》第24条第1款第2项规定，“为介绍、评论某一作品或者说明某一问题，在作品中适当引用他人已经发表的作品”属于合理使用，可以不认为侵权。但是在认定是否属于对作品合理使用的范畴时，则需要判定使用的关联性、必要性和目的性。

以此案为例，如果中国画报出版社出版的内容是文字介绍或是评价原告某一幅年画作品，为了更直接体现年画的内容而将其加以附注，那么该行为具有关联性大、必要性强且意图正当的特点，可以被认为是合理使用范畴。但是，在本案中，中国画报出版社所运用的16幅年画所在章节并非为了介绍原告作品，关联性不大。而涉及的关于原告年画的部分仅仅涉及对杨家埠年画制作人物、事件及作者游历的叙述、介绍，要表达这些思想，并不需要以原作品作为媒介来传达精神，所以必要性不大。原告使用年画作品，更多是从画作本身的美术性、观赏性出发，可以说，年画作品成为《杨家埠年画之旅》一书重要的内容，读者可通过该书直接领略画作本身的美感，客观上吸引了读者。那么，使用作品的目的性就不再是简单地“为介绍、评论某一作品或者说明某一问题”。此案确定了民间文学艺术作品的可保护性，也有助于厘清合理使用判定的边界。①

（三）郭宪与国家邮政局侵害作品署名权、修改权、保护作品完整权、使用权及获得报酬权纠纷案②

本案虽然不涉及传统年画作品，但涉及的作品为传统剪纸作品，与年画极具相似性，该案作为代表性案例，对年画的保护亦有一定的借鉴作用。

1. 案情介绍

该案于 2000 年 3 月 8 日被北京市第一中级人民法院受理，于 2000 年 7 月 24 日公开开庭进行了审理。

原告郭宪诉称：原告于 1997 年 3 月出版的著作《中国民俗吉祥剪纸》一书，其中载有五幅剪纸作品。原告于 2000 年年初发现被告国家邮政局在 2000 年《中国邮政贺年（有奖）明信片》装帧及奖品——钥匙链上采用了这五幅作品。并且，被告在使用作品时，还进行了篡改，原告认为这破坏了作品原有的完整性，认为被告构成侵权。

被告在本案中的抗辩理由主要有以下几点：（1）被告认为《中国民俗吉祥剪纸》一书并未标注五幅剪纸作品的作者，原告仅仅是书籍的编著者，并非剪纸的创作者和原始权利人，所以原告不具有发起诉讼维权的主体资格。（2）五幅剪纸作品属于民间文学艺术作品的范畴，具有民间性，不受《著作权法》的保护。并且剪纸艺术

① 参见李杰：《非物质文化遗产的著作权保护——以杨家埠木版年画为例》，兰州大学 2016 年硕士学位论文，第 24～26 页。

② 郭宪诉国家邮政局侵害作品署名权、修改权、保护作品完整权、使用权及获得报酬权纠纷案，北京市第一中级人民法院（2000）一中知初字第 48 号民事判决书。

是伴随民俗活动而产生和发展的，剪纸作品世代相沿，在延续继承中不断丰富和创新。每一幅剪纸作品都是在前人作品的基础上增删修改而成的，久而久之，形成了地方风格，无法界定原作者。由于民间剪纸作品在题材、设计、手法等方面有相对固定的模式和套路，难以界定某一特定作品的"独创性"，而且每一幅民间剪纸作品都是难以计数的民间艺人的创作积累，故剪纸作为民间艺术作品，不具有《著作权法》要求的作品独创性。(3)从否认主观恶意出发，被告认为其负有国家邮政通信的法定义务，使用五幅作品是为公民提供通信便利，引导群众开展健康的"书信文化"，增加节日喜庆祥和气氛。无论在明信片上是否印制图案，也无论印制何种图案，都不影响其使用价值，所以被告并无盈利事实，不构成侵权。

法院审理查明，《中国民俗吉祥剪纸》一书载明案涉剪纸图样，且原告郭宪当庭出示了原件及照片。被告发行的 2000 年邮政贺年有奖明信片也确实使用了原告《中国民俗吉祥剪纸》中的剪纸图案。在本案审理过程中，被告国家邮政局提交了《中国剪纸》《山西剪纸大观》《孝义县民间剪纸集》等著作中的剪纸图案，用以证明原告郭宪的剪纸图案没有独创性。但被告提交的这些剪纸图案中，没有与本案争议的五幅剪纸相同的图案。被告提交国家邮政局计划财务部的核算说明显示，被告发行 2000 年普通型邮政贺年有奖明信片获利 738.4 万元。

2. 裁判要点

本案判决中，关于对被告抗辩理由的几点回复，颇具借鉴意义。

(1)对于不受《著作权法》保护的抗辩。根据我国《著作权法实施条例》第 2 条的规定，作品指文学、艺术和科学领域内具有独创性并能以某种有形形式复制的智力创作成果。法院认为，《著作权法》上的作品必须具有独创性和可复制性。这里所说的独创性并不要求作品具有相当的创作高度或是前所未有的，而应是由作者独立创作完成的。本案的五幅剪纸图案，是郭宪运用剪纸技艺，基于对生活、艺术及民间美学的理解，进行的艺术创作而得到的美术作品，作品均是创作者独立完成，具备《著作权法》要求的独创性和可复制性，应当受到保护。

(2)针对原告不是作品原作者的抗辩。法院经调查质证，从《中国民俗吉祥剪纸》一书的后记中可以看出书中百余幅剪纸作品多为郭宪的教学积累，且第二章至第九章中的剪纸作品为郭宪创作。本案受争议的五幅作品出自第七章或第八章，但在没有相反证据的情形，且原告持有作品原件的情况下，应当认定原告系作品的原作者。

(3)对于作品属于民间文学艺术作品的抗辩。被告在向法院提交的证据中，并没有与原告郭宪主张权利的五幅剪纸作品相同的剪纸图案。对此，法院认为，《著作权法》第 6 条规定的民间文学艺术作品，应为民间世代相传的、长期演变、没有特定作者，通过民间流传而逐渐形成的带有鲜明地域色彩、反映某一社会群体文学艺术特性的作品，如民歌、民谣、蜡染等。本案中的五幅剪纸作品是原告郭宪运用民间剪纸技法，自己独立创作完成的，不属于世代相传、没有特定作者的作品，故被告关于这五幅剪纸作品系民间文学艺术作品，不应受到《著作权法》保护的主张，不能成立，法院不予采信。

被告国家邮政局未经原告郭宪的许可，在其发行的 2000 年普通型邮政贺年有奖明信片及五等奖钥匙链上使用了郭宪享有著作权的五幅剪纸作品，没有为作者郭宪署名，且没有支付报酬，该行为侵犯了原告郭宪对这五幅剪纸作品所享有的署名权、使用权和获得报酬权,应承担停止侵权、公开赔礼道歉的法律责任,并应赔偿原告的经济损失。被告国家邮政局虽对其中部分剪纸作品的形状做了改动,但并未歪曲和篡改剪纸作品的本意,未构成对原告郭宪所享有的修改权及保护作品完整权的侵犯,故原告郭宪关于被告国家邮政局发行2000年普通型邮政贺年有奖明信片及五等奖钥匙链的行为侵犯其修改权和保护作品完整权的主张,法院不予支持。

3. 法律分析

本案中对于民间文学艺术作品的认定提出了鲜明的观点,即认为《著作权法》第6条规定的民间文学艺术作品应当具有民间世代相传的、长期演变、没有特定作者的特点,而当作品具有明确作者,运用民间技法独立创作完成时,则不满足上述特点,不应当被认定为民间文学艺术作品。本案原告郭宪的作品因不满足上述特点,可作为美术作品直接受到《著作权法》的保护。本案虽不是对民间文学艺术作品的直接保护,但是通过法院观点为民间文学艺术作品的认定提供了更为明确的标准,为民间文学艺术作品的保护提供了重要借鉴。

第五章　绵竹木版年画产业化发展路径中的法治保障

一、地方立法尝试

知识产权制度通过确定人们对智力成果及工商业标记等的权利，调整在创造、运用智力成果及工商业标记过程中产生的社会关系，激励创新，推动经济发展和社会进步。建设完善、合理的知识产权制度有利于增强我国企业市场竞争力和提高国家核心竞争力。为提升我国知识产权创造、运用、保护和管理能力，建设创新型国家，实现全面建设小康社会目标，国务院于2008年6月发布《国家知识产权战略纲要》，宣布实施国家知识产权战略。《国家知识产权战略纲要》对保护我国传统知识和民间文艺提出了要求：一是建立健全传统知识保护制度。扶持传统知识的整理和传承，促进传统知识发展。完善传统医药知识产权管理、保护和利用协调机制，加强对传统工艺的保护、开发和利用。二是加强民间文艺保护，促进民间文艺发展。深入发掘民间文艺作品，建立民间文艺保存人与后续创作人之间合理分享利益的机制，维护相关个人、群体的合法权益。为贯彻落实《国家知识产权战略纲要》，四川省人民政府在结合本省实际情况的基础上，于2009年5月发布了《四川省知识产权战略纲要》。《四川省知识产权战略纲要》不仅强调要加强传统知识收集、整理、传承和保护，维护发源地和传统群体的权益，更列明应当对“绵竹年画”这类传统手工技艺进行充分的保护、开发和利用，鼓励打造独具特色的地方品牌。2021年9月，在中共中央、国务院印发的《知识产权强国建设纲要（2021—2035年）》中，同样高度重视传统知识、民间文艺，要求“加强遗传资源、传统知识、民间文艺等获取和惠益分享制度建设，加强非物质文化遗产的搜集整理和转化利用。”

“千门万户曈曈日，总把新桃换旧符。”这句出自宋代诗人王安石所作的《元日》，每个中华儿女都耳熟能详。诗句描绘了我国宋代人民在欢度春节时，家家户户换上新的年画，以祈求新的一年吉祥安康。年画作为我国一种传统民间艺术形式，反映出民间社会的风俗与民众的审美取向。如今传统年画正逐渐衰落，逐渐淡出社会公众视野。如何运用法治保护这种传统文化资源，使其在现代社会依然创新与发展，是各传统年画资源地区应当关注的问题。在国家立法层面，《非物质文化遗产法》是我国专门保护传统文化的法律，其保护范围包括传统口头文学、传统美术、传统书法、传统音乐、传统技艺、传统体育等多种传统文化，年画可以被归入传统美术范围内从而获得保护。但在地方立法层面，在2020年之前，各主要年画资源地尚未针对年画进行专门立法保护。

绵竹市拥有厚重的历史文化底蕴和独特的地域文化资源，剑南春白酒与绵竹木版年画更是绵竹被大众广泛知晓的传统文化资源代表。被誉为中国“四大年画”之一的绵竹木版年画，在 2006 年 2 月便入选首批中国非物质文化遗产项目，成为历史发展的见证。2015 年，德阳市成为四川省首批行使地方立法权的地级市之一，可以对城乡建设与管理、环境保护、历史文化保护等方面的事项制定地方性法规。地方人大被依法赋予立法权之后，德阳市人大先后出台了《德阳市城市管理条例》《德阳市物业管理条例》等地方性法规。在综合各地及自身在立法工作中的经验教训的基础上，德阳市人大常委会认为，地方性法规“切口”越小，问题针对性越强，施行越管用。为了让地方性法规为经济社会发展保驾护航，保护与传承绵竹木版年画受到当地的高度重视，绵竹木版年画保护立法经德阳市委同意，被纳入德阳市第八届人大常委会五年立法规划和 2018 年度立法计划的重点立法项目。

德阳与绵竹两级人大、政府机关等为利用法律手段保护绵竹木版年画这一优秀传统文化资源，进行了深入的绵竹木版年画立法调研与研究，通过广泛征集各方意见建议，在综合分析研判的基础上，走在了地方立法的最前沿，完成了一项专为保护绵竹木版年画而具有鲜明的地方特色立法——《德阳市绵竹年画保护条例》。《德阳市绵竹年画保护条例》经德阳市第八届人大常委会第二十四次会议审议通过后，于 2019 年 9 月 26 日经四川省第十三届人大常委会第十三次会议批准，于 2020 年 1 月 1 日起正式施行。《德阳市绵竹年画保护条例》是德阳市首部历史文化保护类地方性法规，也是国内首部年画保护类非物质文化遗产的地方性法规，标志着绵竹木版年画保护在法治化、规范化发展的道路上迈进了重要一步，开启了绵竹木版年画这项国家级非物质文化遗产项目保护工作的新篇章。《德阳市绵竹年画保护条例》的出台，明确了各级政府职责,为绵竹木版年画产业有序、规范发展提供法律依据,推动着绵竹木版年画保护工作朝规范化、标准化和制度化的方向前进。

(一)制定《德阳市绵竹年画保护条例》的必要性

绵竹木版年画始于宋代盛于明清,已有一千多年历史,是首批国家级非物质文化遗产,被誉为中国"四大年画"之一,是乡愁文化的杰出代表之一,具有极高的历史及艺术价值,在绵竹乃至德阳、四川文化领域占据重要地位。近年来,随着绵竹木版年画技艺传承与保护、年画产业发展、年画人才培育工作的不断推进,德阳市对绵竹木版年画的保护工作进一步加强,但应当看到绵竹木版年画保护工作面临的多样性矛盾和潜在风险同样也在日益突出,绵竹木版年画的保护现状与德阳市委建设古蜀文化名城的目标要求不相适应、与人民群众对优秀传统文化的需求期待还有一定的差距,故迫切需要通过因地制宜、量体裁衣的地方立法,从制度建设层面消除制约发展的障碍。因此,制定保护绵竹木版年画的地方性法规确有必要。

1. 制定《德阳市绵竹年画保护条例》是保护非物质文化遗产资源,传承绵竹木版年画制作技艺的需要

绵竹木版年画作品以弘扬家国文化为主题,是德阳市重要的非物质文化遗产资源。作为优秀传统文化的重要载体和表现形式,其对传承中华民族优秀文化传统、培育和践行社会主义核心价值观具有重要的引导作用。传统绵竹木版年画需要经过起稿、刻版、印墨、施彩等多道传统工艺,体现了我国劳动人民的智慧和创造力。2006 年 5 月,绵竹木版年画被列入第一批国家级非物质文化遗产代表性项目名录,是德阳市目前仅有的两项国家级非物质文化遗产代表性项目之一。制定《德阳市绵竹年画保护条例》有助于有效保护和传承绵竹木版年画制作技艺,保护非物质文化遗产

资源。

随着社会现代化进程的加快和外来文化的冲击，作为非物质文化遗产的绵竹木版年画面临着“濒危”的难题和困境，亟待用法治的刚性约束来抢救、保护、利用和传承。非物质文化遗产保护主要体现在“活态传承”上，要使文化遗产转化为大众教育、人文素养的现实资源，走进寻常人家的生活，需要将实践中行之有效的保护措施上升为地方性法规具体条文，注重传承，形成保护、传承和发展的制度体系。《德阳市绵竹年画保护条例》的制定出台有助于构建以“传承”为核心的绵竹木版年画保护体系。此外，绵竹木版年画需要在保护中发展，在发展中保护。既要保护绵竹木版年画的核心技艺，又要使作为非物质文化遗产资源的绵竹木版年画便利于社会共享，使其进入良性循环的发展之中。由于绵竹木版年画具有凸显古蜀文化“绘画性强”的显著特点，在文化旅游产业融合发展的大背景下，积极寻求优秀文化传统与现代文化精神的契合点，打造具有古蜀特色的优秀传统文化品牌是大势所趋。

2. 制定《德阳市绵竹年画保护条例》是规范行业发展秩序，促进绵竹木版年画产业壮大的需要

就绵竹木版年画从业人员而言，传统绵竹木版年画从业人员和绵竹木版年画衍生品生产者这两个群体对绵竹木版年画行业保护和发展的认识尚存在较大差异。就绵竹木版年画作品或产品而言，行业内部尚无明确界定标准，不利于绵竹木版年画品牌形象维护和价值提升。将绵竹木版年画保护纳入法治化轨道，可以丰富年画保护手段，如通过地方立法进行规范和引导，有利于绵竹木版年画从法律层面规避知识产权侵犯的潜在风险，有效维护年画及其从业者合法权益。

从规范行业发展秩序来看，虽然绵竹木版年画的各类传统年

画和年画衍生品在国内外大量销售，但行业发展内部仍存在不统一、不协调的现象，一定程度上制约了年画产业发展，年画立法将为产业发展确立标准、提供法律依据。无论绵竹木版年画作品抑或绵竹年画产品，最终都需要走向市场，在市场中体现其经济和文化艺术价值。目前，德阳市绵竹木版年画已经形成年产值3000万元左右的市场规模，随着绵竹木版年画从业人员和作品数量的增多，搭建交易平台、拓展市场销路正愈加迫切地成为巩固和扩大绵竹木版年画市场规模的必由之路。《德阳市绵竹年画保护条例》将“绵竹年画节”“绵竹年画交易展览”等活动加以固化，有利于充分发挥政府扶持作用，培育和壮大绵竹木版年画产业。

从推动产业发展壮大来看，绵竹木版年画将传统与现代结合，产品日益丰富，从原来的观赏性、实用性进入生活领域，从内容到载体进行了全方位的创新，可与互联网、收藏、文创等跨界融合，年画产业未来发展前景广阔。

虽然绵竹木版年画本身有很强的地域性，其主要创作地、生产企业主要集中在德阳市绵竹市区域内，但近年来绵竹木版年画的生产规模不断扩大、影响力不断增强，德阳市罗江等地区也出现了绵竹木版年画制作人员和单位。为加强对绵竹木版年画的保护与传承，绵竹木版年画的保护区域扩大至整个德阳市行政区域内。

（二）《德阳市绵竹年画保护条例》的制定依据

《德阳市绵竹年画保护条例》主要以《非物质文化遗产法》《公共文化服务保障法》《文物保护法》《商标法》《著作权法》《四川省非物质文化遗产条例》等相关上位法为依据，同时，参考借鉴了《芜湖铁画保护和发展条例》《泸州市白酒历史文化遗产保护和发展条例》等国内其他地方立法的相关经验和做法。

(三)《德阳市绵竹年画保护条例》的制定经过

德阳市利用两年半的时间,依据依法立法、民主立法、科学立法的立法原则制定出台了《德阳市绵竹年画保护条例》。

2017 年,德阳市政府确定将《德阳市绵竹年画保护条例》作为 2018 年地方性法规制定项目之后,原德阳市文化广播影视新闻出版局随即启动了《德阳市绵竹年画保护条例》的起草工作。按照五年立法规划和年度立法计划的安排,从 2017 年 6 月起,德阳市文广新局、绵竹市政府通过实地调研、外出学习、收集资料、座谈调研等方式,掌握绵竹木版年画的发展现状,听取各方诉求,梳理绵竹木版年画行业发展过程中需要通过立法解决的问题,总结提炼经验,认真开展文本起草、立法听证、专家论证、立法协商等工作。经德阳市政府法制机构审查,德阳市政府常务会于 2018 年 9 月 29 日审议通过,向德阳市人大常委会提出《关于提请审议〈德阳市绵竹年画保护和发展条例(草案)〉的议案》。

2018 年 10 月 16 日,德阳市第八届人大常委会第十五次会议听取了德阳市人大教科文卫委审议情况的汇报,对《德阳市绵竹年画保护和发展条例(草案)》(以下简称条例草案)进行了第一次审议,对制定该条例的必要性和可行性进行了表决,决定列入以后的常委会会议继续审议。会后,通过采取发布公告、发出征集修改意见通知、实地调研走访、赴外省考察学习等方式,面向社会公开征集修改意见,先后多次组织集中讨论和修改,并委托西南交通大学地方立法专家组进行论证评估。

2019 年 6 月 5 日,德阳市人大法制委第十二次全体会议对一审以来征集的 82 条意见建议进行审议,采纳意见 25 条、部分采纳 44 条、未采纳 6 条、作为工作建议 7 条,形成条例草案第二次审议稿、修改情况和主要问题的报告。

2019 年 6 月 20 日，德阳市第八届人大常委会第二十二次会议听取了人大法制委关于条例草案修改情况和主要问题的汇报，对条例草案第二次审议稿进行了审议。会后，德阳市人大常委会办公室、人大常委会法工委采取发出征求意见函、召开座谈会、研讨会等形式，继续面向社会公开征集意见建议。其间，常委会主要领导和分管、联系领导多次参与座谈和讨论。

2019 年 7 月 3 日，邀请四川大学、西南交通大学四位专家再次进行研究评估。德阳市人大法制委、人大常委会法工委先后多次组织相关部门对各方面提出的意见建议进行反复讨论，对条例草案文本进行研究修改，并于 2019 年 7 月 9 日书面报送四川省人大法制委和人大常委会法工委征询意见。

2019 年 7 月 30 日，四川省人大教科文卫委主任委员王学定率队赴绵竹市进行调研指导。

2019 年 8 月 1 日，四川省人大常委会法工委副主任王俊组织召开座谈会，反馈了四川省人大常委会法工委和四川省教育厅、四川省文旅厅等部门的意见建议。

2019 年 8 月 19 日，德阳市人大常委会党组会议听取了人大常委会法工委关于条例草案修改情况的汇报，决定报送德阳市委审定。

2019 年 8 月 21 日，德阳市第八届人大委常委会第一百二十四次会议听取了德阳市人大常委会党组的汇报，原则同意条例草案送审稿。同日，德阳市人大法制委召开第十三次全体会议，对各方提出的 29 条意见建议进行审议，采纳意见 20 条，部分采纳 7 条，未采纳 2 条，形成条例草案修改稿及审议结果报告。

2019 年 8 月 28 日，德阳市第八届人大常委会第二十四次会议听取了人大法制委关于条例草案审议结果的报告，对条例草案修改稿进行了审议。其间，人大常委会组成人员共提出 8 条修改意见，经法制委第十四次全体会议统一审议，采纳意见2条，对条例草案修改稿作出2处修改，与会常委会组成人员表决一致通过了条例草案表决稿。

（四）《德阳市绵竹年画保护条例》的主要内容

《德阳市绵竹年画保护条例》是一部体量“比较精致”的法规，内容虽只有五章、28条、3600余字，但保护对象明确，保护措施具体，具有较强的针对性和可操作性。总体来说，《德阳市绵竹年画保护条例》主要围绕两个核心问题：一是立法保护什么；二是怎么保护。为解决这两个问题，《德阳市绵竹年画保护条例》设置了总则、保护与传承、传播与利用、法律责任、附则内容。

第一章总则（第1～6条），主要规定了立法目的，条例适用范围，基本原则，政府、文化主管部门和乡镇人民政府（街道办事处）的职责等内容。

第二章保护与传承（第7～14条），主要规定了绵竹木版年画的调查工作、保护目录评审、保护措施等内容。

第三章传播与利用（第15～22条），主要规定了绵竹木版年画的宣传推广措施、鼓励绵竹木版年画的文化创意开发措施以及绵竹木版年画工匠认定制度等内容。

第四章法律责任（第23～26条），主要规定了对违反条例规定的行为应承担的法律责任。

第五章附则（第27～28条），主要规定了德阳市人民政府制定具体管理办法和条例施行时间。

《德阳市绵竹年画保护条例》严格遵循《非物质文化遗产法》《四川省非物质文化遗产条例》等法律法规，对上位法的相关规定做了细化和补充，并结合绵竹木版年画保护的实际需要，新设立了部分法规制度。

1. 关于建立绵竹木版年画保护目录制度

保护是绵竹木版年画保护和发展工作的重点，绵竹木版年画的内容题材极为广泛、制作工序繁多、工艺复杂、表现形式多样，如缺乏有效的整合路径，则无法展示对绵竹木版年画保护的整体成效。如果能够对绵竹木版年画资源进行统筹，实施精细化管理，其效果将远超无重点工具式保护的意义。为此，《德阳市绵竹年画保护条例》引入了绵竹木版年画保护名录制度，将对绵竹木版年画保护从一般性保护转变为重点保护，通过明确所要保护的具体对象，加强公众知晓度，鼓励公众主动参与到绵竹木版年画保护中来。具体来看，《德阳市绵竹年画保护条例》第 3 条逐项列举了绵竹木版年画需要保护的相关资源范围，并在第 8 条规定相应建立绵竹木版年画保护目录制度，第 9 条规定了保护目录的评审程序。此外，第 19 条第 2 款还规定建立绵竹木版年画衍生品保护目录制度，将具有重大创新、传播价值的绵竹木版年画衍生品纳入保护目录予以保护，从而使绵竹木版年画的保护对象更明确，措施更具体。

2. 关于设立绵竹木版年画保护专项资金

绵竹木版年画的保护、传承、传播和利用，是德阳市全力打造古蜀文化名城、提升文化软实力的重要内容。由于绵竹木版年画属民间工艺美术，目前并未完全形成规模化和产业化生产，绵竹木版年画保护和发展资金也未单独列入财政预算，资金使用得不到保障，远不能满足绵竹木版年画保护和发展的需要。必要的资金保障是做好绵竹木版年画保护工作的前提，绵竹木版年画资源的调查和保存、档案和数据库以及保护目录的建立、相关实物和资料的收购、制作技艺的传承推广和传播利用、代表性传承人及年画工匠的资金补助等，都需要必要的资金支持。因此，为了加大对绵竹木版年画投入资金的保障力度，根据《非物质文化遗产法》第 6 条第1款“县级以上人民政府应当将非物质文化遗产保护、保存工作纳入本级国民经济和社会发展规划,并将保护、保存经费列入本级财政预算”之规定,在借鉴省内外历史文化保护做法的基础上,《德阳市绵竹年画保护条例》第5条第1款规定了德阳市、绵竹市人民政府应当设立绵竹年画保护专项资金,并列入本级预算。

3. 关于绵竹木版年画保护单位和代表性传承人的资金补助

非物质文化遗产保护主要体现在“活态传承”上,保护单位和代表性传承人在保护实践中至关重要,有必要在现有基础上加大资金支持力度。《德阳市绵竹年画保护条例》第11条第2款、第3款规定建立资金补助制度,对依法认定为国家、省、市、县(市、区)级绵竹木版年画保护单位和代表性传承人的,市、县两级政府再分别给予资金补助。

4. 关于绵竹木版年画工匠的认定

绵竹木版年画代表性传承人是传承绵竹木版年画传统制作技艺、绵竹木版年画传承与发展的重要力量。然而,省级、市级绵竹木版年画代表性传承人评选名额较少,导致很多长期从事绵竹木版年画制作且技艺精湛、成就显著的人员无法被评选为代表性传承人。因而绵竹木版年画代表性传承人数量十分有限,后备人才稀缺。为区别于绵竹木版年画代表性传承人和一般从业者,《德阳市绵竹年画保护条例》第20条创设了绵竹木版年画工匠认定制度。通过支持绵竹木版年画工匠传承活动的开展,以期绵竹木版年画通过工匠带徒授艺等具体传承方式达到技艺流传不灭失的目的。对认定为绵竹木版年画工匠的,也要给予资金补助。通过认定绵竹木版年画工匠,有利于激发绵竹木版年画工匠创新工艺、传播技艺的积极性,对培养绵竹木版年画后备人才及非物质文化遗产传承人、培育“活态传承”良好氛围都具有促进作用。

（五）《德阳市绵竹年画保护条例》产生的影响

《德阳市绵竹年画保护条例》以“小切口”立法，施行以来取得了显著的积极影响：一是对全国年画行业具有示范效应；二是对地方立法工作具有借鉴作用，体现了面向基层依法治理的现实需要；三是绵竹木版年画扩展效应增强，为年画振兴事业做出贡献。

作为国内首部年画保护地方性法规，一经公布便得到了行业内外的积极反响，不仅提振了年画行业的发展信心，更激发和释放了年画行业的活力。2019 年年末，在山东潍坊举行的全国年画传承发展大会上，绵竹市代表四川省，围绕绵竹木版年画保护立法及非物质文化遗产保护工作发言，获得与会人士的高度评价，更得到了文化和旅游部非物质文化遗产司主要领导的高度肯定。在《德阳市绵竹年画保护条例》出台之际，绵竹陶版年画有限公司投资 860 余万元，完善配套陶版年画研学文创实践基地及年画培训学校。四汇斋年画有限公司则是计划两年内投入 400 万～600 万元用于年画衍生产品的开发和生产；吸引了外部资金加入，合作打造绵竹木版年画的活态化展示项目；筹建中国非物质文化遗产线上培训推广平台，以中英文两个版本呈现，首推绵竹木版年画；与大学研究团队联合打造绵竹木版年画的“核心 IP”等。

《德阳市绵竹年画保护条例》的成功出台，对绵竹木版年画保护和传承、年画产业壮大和发展、文化创意产业和文旅深度融合都将产生积极而深远的影响，有力助推绵竹开展“年画立市”工作。同时，使绵竹木版年画古老又时尚的地方文化名片更亮，彰显德阳市的文化自觉和自信。通过申报年画国家地理商标，绵竹年画村获“首批国家级乡村旅游示范村”称号，绵竹市 80% 的幼儿园和中小学在地方课程中有年画课，《绵竹年画》教材被评为四川省中小学中华文化优秀校本课程读本。此外，绵竹创新年画宣传方式，以年画释法、借年画宣传公益成为时尚，中央文明办、中省两级纪委等均采用过绵竹公益年画。

二、行政保护举措

政府是在国家和地区进行统治和社会管理的机关，具有经济调节、公共服务、市场监管以及社会管理等职能。单单一部《德阳市绵竹年画保护条例》并不能使绵竹木版年画得到高质量的保护、传承和利用，政府部门作为执法机关，是促进《德阳市绵竹年画保护条例》有效实施的重要保障。

为保证《德阳市绵竹年画保护条例》高质量实施，德阳市与绵竹市两级政府出台了相应的配套措施。2020 年 12 月底，德阳市文旅局印发《绵竹年画保护目录评审工作规则》和《绵竹年画工匠评选认定办法》,《绵竹年画保护专项资金管理办法》已在征求意见。绵竹木版年画创意化发展是推动文旅融合的重要载体和抓手，为推进绵竹木版年画在文旅融合发展中取得新的成效，德阳市文旅局先后出台《关于大力发展文旅经济加快建设古蜀文化名城的意见》《德阳市文化旅游产业融合发展扶持奖励办法(试行)》等政策措施，加大了对绵竹木版年画创意开发的支持力度。

2018 年，绵竹市委办公室与绵竹市政府办公室印发了《绵竹市服务业发展奖励补助资金管理办法(试行)》，设置的文化产业发展奖补资金，将绵竹年画文化产业纳入重点补助范围，鼓励小微年画产品生产企业发展。《德阳市绵竹年画保护条例》出台后，绵竹市政府以及其宣传、司法、文旅等相关部门，为做好《德阳市绵竹年画保护条例》的广泛宣传和绵竹木版年画的文化推广工作，及时研究和出台了各项配套措施，通过广泛运用报纸、电视、新媒体等媒介，构建了以“传承”为核心的保护体系，致力于打造以“融合”为趋势的文化品牌。确保用法治的刚性约束来抢救、保护、利用和传承绵竹木版年画，形成具有鲜明地方特色的德阳市文化名片。绵竹市还制定了《绵竹市贯彻落实〈德阳市绵竹年画保护条例〉实施方案（2020—2021年）》，通过开展宣传发动工作，营造贯彻实施《德阳市绵竹年画保护条例》的浓厚氛围。

（一）宣传《德阳市绵竹年画保护条例》内容

《德阳市绵竹年画保护条例》作为首部保护年画的地方性法规，有必要加强对《德阳市绵竹年画保护条例》的宣传，提高《德阳市绵竹年画保护条例》的社会知晓度。绵竹市政府组织印制了《德阳市绵竹年画保护条例》单行本和册页共计3万余份，分发全市各部门、镇、街道、景区、公共文化场所、车站、金融机构等场所。在绵竹市德茂路醒目位置设立了《德阳市绵竹年画保护条例》广告宣传牌，营造贯彻落实《德阳市绵竹年画保护条例》的浓厚氛围。

（二）充分贯彻落实《德阳市绵竹年画保护条例》规定内容

绵竹市政府、绵竹市发改局、绵竹市教育局、绵竹市文旅局契合部门特点及《德阳市绵竹年画保护条例》要求，有序开展系列工作。从国民经济和社会发展规划到规划实施；从年画艺人保护到年画技艺抢救；从年画知识读本编写到开设年画专业及编写专业课本；从年画档案整理到年画理论研究再到年画档案数字化工作的开展，上述工作的开展使《德阳市绵竹年画保护条例》规定的内容得到了充分的贯彻落实。

（三）举办年画培训班、创作营、研习班

绵竹木版年画的传承与发展离不开年画艺人人才培养，绵竹市政府及其部门多次组织年画培训班以发挥年画传承人“传帮带”的作用。通过加强宣传引导，激发更多人对绵竹木版年画保护传承的热情，进一步继承和弘扬优秀文化传统。

2018年1月2日,绵竹市人社局组织的“金花镇职业技能(年画+竹编工艺)培训班”在绵竹市云盖村正式开班,来自各村、社区的40余名村民参加了培训。培训时间为期2个月,邀请了都江堰“青城马椅子”马泽洪和绵竹年画大师林代辉为授课老师。培训内容为竹器工艺品、生活用品的制作过程,绵竹木版年画的制作流程、工艺以及绵竹木版年画的创作方法等。

2018年5月4日,绵竹市人社局组织的“富新镇2017—2018年精准扶贫残疾人职业技能培训班”在绵竹市五里墩村开班,来自全镇的40余名精准扶贫残疾人及家属参加了培训。年画培训老师通过讲解年画制作技能、着色技巧等内容,让参与培训的人员对绵竹木版年画有了更深的了解。

2018年11月3日,由文化和旅游部非物质文化遗产司指导,中国文化传媒集团主办,中国手艺网、绵竹市政府和四川大学非物质文化遗产中心承办的“年画重回春节”系列活动之“新年画·创作营”中国年画创作营开营仪式在绵竹麓棠会议中心举行。此次“年画重回春节”系列活动以“融入现代生活、弘扬当代价值”为理念,围绕国家级非物质文化遗产名录和第一批国家传统工艺振兴目录中的14个年画制作技艺,通过论坛对话、培训研修、考察采风、主题展览等一系列活动,鼓励“新创作、新作品、新应用”,让年画艺术生动反映时代风貌和人民生活,推进以年画为代表的传统工艺更好更快地融入当代生活。

2019年3月14日,绵竹市人社局组织的“绵竹市乡村振兴年画+竹编+创业培训班”在四川乡村振兴农民大学开班,来自绵竹市九龙镇各村、社区近30名村民参加了培训。此次培训邀请了绵竹木版年画和竹编老师作为授课老师,培训内容为竹器工艺品、生活用品的制作过程,绵竹木版年画的制作流程、工艺以及绵竹木版年画的创作方法等。

2020年8月，文化和旅游部、教育部、人力资源社会保障部联合实施的“中国非物质文化遗产传承人群研修研习计划”四川大学2020年木版年画研修班在绵竹开班，年画大师和高校教师携手。培训以巴蜀地区绵竹木版年画、夹江木版年画、梁平木版年画三大传统年画项目为主，招收来自四川绵竹、夹江、梓潼和重庆梁平年画产地，具备传统刻版、拓印技艺的木版年画传承人或从业者的学员共计20名。培训根据木版年画非物质文化遗产的特点，倡导“传统技艺，现代生活”的教学理念。在民族文化复兴的时代，推动传统木版年画审美的现代性转换，积极探索将传统年画融入现代生活。

（四）设立绵竹木版年画主题邮局

2020年8月，绵竹文旅局与中国邮政绵竹支公司合作，在“孝德年画村”设立“绵竹年画主题邮局”，已于2021年建成并投入使用。年画主题邮局主要是将本土年画文化、邮政书信、集邮等元素创意结合，为广大收藏爱好者提供系列邮政特色产品，如明信片、信函、邮品、纪念邮戳、纪念品等文化产品，为喜爱年画的收藏爱好者做好服务。同时，主题邮局也可成为剑南老街景区的又一旅游亮点。年画主题邮局在提供邮政基础服务的同时，将绵竹木版年画与现代元素相结合，为绵竹市民和外来游客提供独具绵竹木版年画特色的集邮文化产品以及年画明信片寄递服务。

（五）鼓励申请注册绵竹木版年画相关商标与版权登记

发展地方文旅产业，需要依靠当地文化品牌的支撑。《德阳市绵竹年画保护条例》第22条规定：“鼓励和引导绵竹年画行业组织、生产企业和公民个人依法申请绵竹年画及衍生品注册商标或者专利，规范使用地理标志证明商标、集体商标，加强知识产权保护,规范生产经营,维护合法权益。”

1. 普通商标

通过商标注册查询,以“年画”为关键词,筛选出申请地址为绵竹市行政区划内的申请人申请注册的商标,共查询到注册商标186枚。商标包括年画、年画湖、年画村、年画巷、年画派、年画传人、年画世家、年画迎春、酒乡年画等多种文字商标、组合商标。商标注册类别包括第1类(化学用品)、第3类(清洁用品)、第5类(医疗用品)、第11类(照明、加热、卫生用品)、第14类(首饰用品)、第16类(文具、印刷用品)、第18类(服装)、第19类(建筑材料)、第20类(家具、工艺品)、第21类(家庭日用具)、第24类(纺织品)、第25类(服装)、第26类(饰品)、第27类(地板用品)、第28类(玩具、运动用品)、第29类(肉蛋奶)、第30类(米面食、调味品)、第31类(农产品)、第32类(无酒精饮料)、第33类(含酒精饮料)、第34类(烟草用品)、第35类(广告)、第36类(金融业务)、第37类(建筑、维修服务)、第39类(运输、旅行服务)、第40类(材料处理、印刷服务)、第41类(教育、文体、娱乐活动)、第42类(科技服务、外观设计服务、计算机服务)、第43类(提供饮食、住宿服务)以及第44类(医疗、农林服务)。

2. 特殊商标

特殊商标不同于普通商标,其具有明显的集体性质,主要包括地理标志、集体商标以及证明商标。所谓地理标志,是指标示某商品来自某地区,该商品的特定质量、信誉或者其他特征主要由该地区的自然因素或者人文因素所决定。地理标志主要有两种表现形式:一种是由产地和产品名称组合而成,如“金华火腿”“绍兴黄酒”“库尔勒香梨”等;另一种则是直接将产地名称作为该产品的标志,如“香槟”(champagne)既是法国一个省的名称,又是一种白葡萄酒的品牌。所谓集体商标,是指以团体、协会或者其他组织名义注册,供该组织成员在商事活动中使用,以表明使用者在该组织中的成员资格的标志。例如,沙县小吃、新华书店等。所谓证明商标,是指由对某种商品或者服务具有监督能力的组织控制,但由该组织以外的单位或者个人使用于其商品或者服务,用以证明该商品或者服务的原产地、原料、制造方法、质量或者其他特定品质的标志,如绿色食品、真皮等。

地理标志与集体商标、证明商标之间并非完全独立,而是存在相互交织的情况。因地理标志与自然地理或人文地理关系紧密,地域是地理标志的关键,只有存在地名的情况下才可能是地理标志。若集体商标、证明商标中存在具体地名,则其同时可能是地理标志。例如,绍兴黄酒既是地理标志产品,同时也是证明商标;沙县小吃既是集体商标,也是地理标志。

无论是地理标志,抑或是集体商标、证明商标,在与特定地域的地方传统特色产品结合后,不仅体现的是对传统集体智慧成果的确认和维护,更能产生重要的经济意义和社会人文效益。“绵竹年画”作为绵竹市特有的文化资源,与绵竹市当地的人文历史紧密相连,通过地理标志、集体商标、证明商标等手段保护“绵竹年画”品牌价值,无疑有助于做好绵竹市区域公共品牌培育工作。绵竹市政府已授权“绵竹市绵竹年画发展促进会”以其主体名义申请注册“绵竹年画”集体商标,并对该商标进行相关管理维权,国家知识产权局已经接受前述申请材料。

3. 版权登记

根据《著作权法》的相关规定,作品的著作权自作品创作完成时自动产生,无须登记、注册或者行政审查。但是,为避免在日后陷入的著作权侵权纠纷时处于劣势,可以申请著作权登记,经过登记的作品有利于证明作品的权属。绵竹木版年画属于传统文化的范畴，但每一幅特定年画作品，特别是融入了作者自己的思想和情感表达的作品，同样具有独创性而构成受《著作权法》保护的作品，可以申请著作权登记。

（六）举办“绵竹年画节”，开展绵竹木版年画群众性民俗文化活动

《德阳市绵竹年画保护条例》第16条规定：“每年农历十二月二十三日为绵竹年画日。德阳市、绵竹市人民政府应当集中组织开展绵竹年画民俗文化活动。”将绵竹木版年画节法定化，可以让绵竹木版年画在交流中得到延续和增强，推动以年画为代表的非物质文化遗产更好地融入当代、融入生活，使人们在耳濡目染中自觉理解、接受绵竹木版年画，从而实现绵竹木版年画文化的传递与继承。

绵竹木版年画节一般在每年的农历腊月二十三开幕，至元宵节闹花灯结束。绵竹木版年画历史悠久，绵竹木版年画节已连续成功举办十九届，深受人民群众喜爱，也成为绵竹发展特色文化产业的有力助手。年画节以“到绵竹过中国年”为主题，以画为媒，突出“酒乡画城　山水绵竹”的独特魅力，通过组织新春唱大戏、年画精品展、忠孝文化祭祀活动、开展镇乡系列民俗体验活动等群众参与度高的文化活动，全方位展示绵竹木版年画艺术风采，传播优秀传统文化，丰富百姓文化生活，促进绵竹特色文化旅游的发展与繁荣。

（七）大力发展“绵竹年画村”

绵竹年画村位于绵竹市孝德镇射箭台村，于2009年获“四川省乡村旅游示范村”称号，2011年获“国家AAAA级旅游景区”称号，并被评为“四川省省级文化产业示范基地”以及“国家级非物质

文化遗产生产性保护基地”,2019 年获“首批国家级乡村旅游示范村”称号。2020 年,孝德镇入选“四川省第二批文旅融合特色小镇”。绵竹年画村全村总面积为 8.5 平方千米,是绵竹年画南派的发源地和年画艺人的聚集区,有国家级、省级非物质文化遗产传承人 6 人,年画艺人 30 余人。

乡村兴则国家兴,乡村衰则国家衰。乡村是具有自然、社会、经济特征的地域综合体,兼具生产、生活、生态、文化等多重功能,与城镇互促互进、共生共存,共同构成人类活动的主要空间。中共中央、国务院连续多年发布的中央一号文件均聚焦于“三农”问题,始终把农业、农村、农民的利益放在重要位置。习近平总书记在党的十九大报告中提出乡村振兴战略,同时指出,农业、农村、农民问题是关系我国国计民生的根本性问题,必须始终把解决好“三农”问题作为全党工作的重中之重,实施乡村振兴战略。

绵竹年画村发展特色乡村旅游已有 10 余年时间,非物质文化遗产和乡村旅游融合发展,以非物质文化遗产保护、展示、传播为主的乡村休闲游越来越成熟。面对国家出台的乡村振兴战略,孝德镇抓住了乡村振兴的契机,坚持“政府引导、公众参与、可持续发展”的建设理念,以“年画、年俗、年趣”为主线,统筹旅游规划布局,全力打造文旅名镇,并通过风貌提升、节点打造,进一步完善年画村旅游景区功能布局,提升基础设施配套水平,规范管理体制。按照全域旅游发展定位和乡村振兴发展要求,孝德镇积极探索出一条年画文化的创新之路,发掘的“乡遇画里”文创社区既深植于泥土,也创新于时代。2018 年,绵竹年画村共有年画企业 15 家,年画作坊 20 家,年画从业人员 400 余人,年画产品销售额达 4000 余万元,接待旅客 70 余万人,村民人均纯收入 2.2 万元。其中,在“乡遇画里”文创社区的 9 家年画街坊的创意年画产品销售额达 2500

余万元。① 绵竹依托当地独有的文化资源，根据实际情况发展绵竹年画村，为绵竹贯彻落实乡村振兴战略，实现小康社会的目标，奉献了坚实的力量。

（八）打造绵竹廉洁年画创作基地特色品牌

绵竹市纪委监委依托绵竹年画博物馆和轩辕年画展示馆等平台，逐步建立集创作、培训、展示、参观、推广于一体的廉洁年画创作基地，在2006年被评为“德阳市廉政文化创作基地”，2011年被省纪委监察厅命名为“四川省廉政年画创作基地”。绵竹市积极拓展廉洁年画社会功能，主动将廉洁元素融入幸福美丽新村建设，在遵道镇棚花村成功打造“清涟池”廉洁文化教育基地，是省级“廉洁文化基地”。绵竹廉洁年画在传承中创新、在创新中发展。基地创作了《采莲子》《迎祥纳福》《清廉一生》等一大批廉洁年画作品，多次获得国家级、省级表彰，并在中央纪委、四川省纪委网站推广。同时，创新推出《年画说条例》《年画说准则》《年画话改革》《监察法来了》系列廉洁年画口袋书、“廉洁年画电子屏保”、廉洁年画电子贺卡、党的十九大廉洁年画微信表情包等作品，有力扩大了绵竹廉洁年画的影响力和覆盖面。

廉政年画系列口袋书被德阳市纪委印制1万余册，在全市党员干部中推送，廉洁年画系列电子贺卡多次被省纪委转载，提醒全市党员干部廉洁过节，“廉政年画电子屏保”在全市机关事业单位4000余台电脑安装运用，党的十九大廉洁年画微信表情包下载量达7.4万余次，点击量达18.7万余次，受到干部群众热捧。同时，绵竹廉洁年画创作基地常年对外开放，2020年以来，共接待省内外

① 参见《四川绵竹年画村：“乡遇画里”打造乡村振兴的“年画IP”》，载中国青年网，http://df.youth.cn/dfzl/201909/t20190927_12082370.htm。

党员干部和普通群众参观20余万人次，在全市范围内营造出崇廉尚洁新风尚。

2021年2月5日，为营造良好的节日氛围，德阳市纪委监委宣传部联合绵竹年画创作基地，创作了一组廉洁过节的年画组图（见图1）。

图1　部分廉洁过节年画组图

（九）开展年画释法

绵竹市政府通过挖掘绵竹木版年画资源，创新普法载体和形式，推动法治宣传教育与传统文化融合发展，创作的《党的十九大年画宣传读本》《依法治国年画》等法治宣传年画手册，得到上级肯定和群众认可。创编《法律七进绵竹年画释法》画册一套，共6册，在全省公开发行2.4万套，总计14.4万册，有助于人民群众知法、懂法、守法。随着《民法典》颁布施行，绵竹市政府正按计划创编《民法典·年画释法读本》，致力于加深绵竹优秀传统文化浸润力度，凝聚法治建设精神力量。

（十）开展“文化和自然遗产日”暨年画扶贫活动

文化是一个民族的根和魂，是体现国家和地方软实力的重要载体。2019年6月4日，绵竹市文旅局在齐天镇圣新村开展了“文化和自然遗产日”暨年画扶贫活动，对该村的贫困户、精准扶贫户、残疾人等20余人进行了“文化和自然遗产日”暨年画扶贫活动的宣传，绵竹年画博物馆工作人员为参加活动的村民进行了绵竹木版年画制作的体验培训。挖掘、保护、传承、利用绵竹木版年画文化遗产,是实现经济转型升级的重要资源和抓手,有助于绵竹实现乡村振兴战略。

(十一)处罚商标侵权行为

四川省东圣酒业股份有限公司位于素有“中华酒乡”之称的绵竹市,酿酒历史源于清康熙年间,是德阳市委、市政府确定的“重点发展企业”。公司申请注册了数百件与年画相关的商标,如“年画”“酒乡年画”“年画古韵”等。其中,第 1530687 号“年画”商标注册于 2001 年 2 月 28 日,核定使用在第 33 类商品[白酒;果酒(含酒精);含酒精饮料(啤酒除外);葡萄酒]上,“年画”商标曾被评为“四川省著名商标”。后,公司分别以不同字体于 2013 年 8 月 28 日获准注册第 10961700 号“年画”商标,核定使用在第 33 类商品[果酒(含酒精);烈酒(饮料);酒精饮料原汁;酒精饮料(啤酒除外);米酒;清酒;食用酒精;烧酒]上;于 2018 年 3 月 14 日获准注册第 23349801 号“年画酒”商标,核定使用在第 33 类商品[葡萄酒;蜂蜜酒;酒精饮料(啤酒除外);樱桃酒;白酒;果酒(含酒精);开胃酒;鸡尾酒;米酒;含水果酒精饮料]上;于 2018 年 12 月 21 日获准注册第 29084702 号“年画牌”商标,核定使用在第 33 类商品[蒸煮提取物(利口酒和烈酒);葡萄酒;白酒;烧酒;果酒(含酒精);食用酒精;蒸馏饮料;烈酒(饮料);含水果酒精饮料;苹果酒]上。

2019 年,泸州御酒老作坊酒业有限公司生产“御满天”牌年画酒,并委托泸州御酒电子商务有限公司在酒仙网、名酒都网、川久商贸等网站进行销售,销售数量达 677 件。商品外包装盒的正面和背面是相同的版面的正中是一幅年画,年画下方有一个“福”字,左下角有红底白字的 nian“年画”hua 的拼音和中文,下方标有注册商标“御满天”，酒精度：52% VOL 浓香型，白酒净含量：500ml ×4 瓶装，中国泸州御酒老作坊酒业有限公司，右上角有“四季发财”四个字。

泸州御酒老作坊酒业有限公司生产销售“四季发财年画酒”，未经允许将“年画”使用在其商品外包装上，使消费者对商品来源产生混淆，侵犯了四川省东圣酒业股份有限公司的注册商标专用权，违反了《商标法实施条例》第 76 条和《商标法》第 57 条的规定。《商标法实施条例》第 76 条规定：“在同一种商品或者类似商品上将与他人注册商标相同或者近似的标志作为商品名称或者商品装潢使用，误导公众的，属于商标法第五十七条第二项规定的侵犯注册商标专用权的行为。”《商标法》第 57 条第 2 项规定：“有下列行为之一的，均属侵犯注册商标专用权：……（二）未经商标注册人的许可，在同一种商品上使用与其注册商标近似的商标，或者在类似商品上使用与其注册商标相同或者近似的商标，容易导致混淆的……”

根据《商标法》第 60 条第 1 款、第 2 款“有本法第五十七条所列侵犯注册商标专用权行为之一……也可以请求工商行政管理部门处理。工商行政管理部门处理时，认定侵权行为成立的，责令立即停止侵权行为，没收、销毁侵权商品和主要用于制造侵权商品、伪造注册商标标识的工具，违法经营额五万元以上的，可以处违法经营额五倍以下的罚款，没有违法经营额或者违法经营额不足五万元的，可以处二十五万元以下的罚款……销售不知道是侵犯注册商标专用权的商品，能证明该商品是自己合法取得并说明提供者的，由工商行政管理部门责令停止销售”之规定，泸州市江阳区市场监督管理局对泸州御酒老作坊酒业有限公司作出行政处罚：

没收查扣的年画酒 677 件,退回的 56 件;罚款 2 万元。[①]

三、非物质文化遗产保护中的民间努力

行业组织是一种基于共同的利益要求所组成的民间性、非营利性的社会团体。行业组织是行业成员利益的代言人和维护者,亦是行业成员与政府之间的沟通者和协调者。行业组织作为桥梁与纽带,具有畅通党委、政府与市场、社会之间联系的重要作用。传承与发展绵竹木版年画,同样离不开民间集体组织的力量。

(一)绵竹年画博物馆

1993 年 9 月经四川省人民政府同意设立的绵竹年画博物馆,是绵竹市一家以绵竹木版年画为专题的博物馆。同时,绵竹年画博物馆也是首批“四川省爱国主义教育基地”“四川省非遗保护工作先进单位”。作为从事公益性服务的事业单位,绵竹年画博物馆主要承担着绵竹木版年画的保护传承、收藏保存、创作研究、展示宣传、传习培训、推广应用等功能,以及为绵竹木版年画传承人服务,对绵竹木版年画的应用进行专业技术支持与指导等。馆内收藏了大量古代民间年画和新年画,有中国最大的挤粉门神,最长的风俗年画,最大的手绘门票,独一无二的双面年画拓片版和填水脚年画等。

《德阳市绵竹年画保护条例》第 12 条第 1 款规定:“绵竹年画博物馆等保护单位和代表性传承人应当履行法定的职责和义务,发挥收藏、研究、展示、传承等功能。”作为绵竹木版年画的法定保护单位,绵竹年画博物馆自 2008 年起已编辑出版年画书籍 10 余

① 参见泸州市江阳区市场监督管理局泸江市监处字(2019)第 111 号行政处罚决定书。

部,新年画作品连年参展获得国家级和省级奖项,同时也获得了各级党委政府和主管部门的表彰和奖励。《德阳市绵竹年画保护条例》施行1年以来,绵竹年画博物馆完成了年画资源调查和国家级、省级传承人年画技艺的抢救性保护记录,初步建立了绵竹年画数字化档案,引进高层次非物质文化遗产传承人才列入了政府计划,与四川大学等高校联合举办年画研修班培训师资人才。

(二)德阳市文化代表团

2019年4月5日至8日,德阳市文化代表团一行赴波兰科宁市参加了第十二届科宁文化交流艺术节,绵竹木版年画、德阳潮扇在科宁市引起轰动,成为当地热点新闻。在文化交流艺术节上,德阳文化大展魅力。德阳文化代表团派出德阳潮扇省级非物质文化遗产传承人杨占勇,绵竹木版年画刺绣大师、"四川省农村手工艺大师"王英,给波兰科宁市民带去生动的现场展示,引发了观众的浓厚兴趣,加强了绵竹木版年画与国外文化之间的交流,有助于传播我国优秀传统文化。

(三)四川省美术家协会、四川美术馆

2019年2月19日上午,"我们的节日——四川绵竹年画展"在四川美术馆隆重开幕。本次展览在四川省文学艺术界联合会的指导下,由四川省美术家协会、四川美术馆、绵竹市政府共同主办。此次绵竹年画展共展出123幅作品,既有明清时期流传至今的珍贵艺术,又有来自非物质文化遗产传承人的精品力作。通过此次展览,使更多的朋友了解、关注和支持绵竹木版年画的发展,鼓励绵竹木版年画艺人推陈出新,创造出更多更好、深受群众喜爱的年画精品,让年画更加贴近生活,走进千家万户,真正成为弘扬中华优秀传统文化的生动载体和亮丽名片。

（四）绵竹木版年画亮相非物质文化遗产活动

2017 年 6 月 10 日，第六届中国国际非物质文化遗产节，在成都国际非遗博览园开幕。活动期间，在四川非遗馆里举办的“巴蜀工匠·非遗精品展”等数项展览吸引了 10 多万市民驻足欣赏。在“巴蜀工匠·非遗精品展”现场，蜀绣、绵竹木版年画等参展项目传承人为观众带来了蜀绣和年画的现场演示，获得现场观众对工匠精神的由衷赞美。

为推进四川省非物质文化遗产的保护和传承工作，进一步提高人民群众保护传承非物质文化遗产意识，四川非物质文化遗产保护中心借助多渠道开展非物质文化遗产调查、培训、展览等工作，绵竹木版年画作为国家级首批非物质文化遗产多次参加了四川非物质文化遗产文化之旅，展现出非凡的魅力。2018 年年初，四川非遗馆举行了“春暖‘画’开·锦‘绣’山河”四川非物质文化遗产迎新展活动，其中“年年有画·迎新年画邀请展”展厅布置了绵竹、夹江、梁平三地最具代表性的年画，红火喜庆的年画唤起了观众儿时的回忆。巴蜀非遗展览吸引了来自 150 多个国家和地区的观众，极大促进了传统文化的国际交流与传播。绵竹木版年画不仅全面展示了绵竹非物质文化遗产保护工作所取得的优秀实践成果，也积极推动了绵竹非物质文化遗产的保护传承，促进了绵竹非物质文化遗产文化创造性地转化、创新性地发展，增强了绵竹非物质文化遗产的生命力和影响力。

（五）绵竹木版年画亮相进博会

2020 年 11 月，第三届中国国际进口博览会在上海举办，由国家级非物质文化遗产代表性传承人李方福创立的岷元阁年画社代表四川德阳交易团在现场参展，全面展示绵竹木版年画。在绵竹木版年画岷元阁展示厅里，100 余件非物质文化遗产精品显示出绵竹木版年画独特的画风和韵味。此次展览不仅展出了《三星高照》《寿星图》《赵公镇宅》等为代表的10余幅极具特色的绵竹木版年画精品，还集中展示了岷元阁年画社近年来在传承、保护、创新绵竹年画方面取得的成果。以进博会作为宣传平台和桥梁，绵竹木版年画加强了与全国乃至世界各地的文化交流。

此外，绵竹木版年画传承与保护协会、绵竹年画发展促进会亦是绵竹当地保护绵竹木版年画的行业组织，发挥了作用。

（六）绵竹市绵竹年画发展促进会

绵竹市绵竹年画发展促进会成立于2006年12月，位于绵竹市年画博物馆，主要业务为弘扬绵竹木版年画，研究、创新扩大非物质文化遗产文化交流。该组织现有年画艺人65人。

绵竹市绵竹年画发展促进会自成立以来，采取多措并举促进年画产业发展。让年画传承人、艺人在传统年画的基础上进行开拓创新，相继开发出了刺绣年画、陶版年画、年画生活用品等系列年画产品，让绵竹木版年画积极参加各级各类展示展演、文化产品创意设计、美术工艺大赛等活动。该会秉承“传承非遗文化、弘扬民间艺术”的发展理念，致力于推动绵竹木版年画产业的发展。近年来，协会组织成员单位多次参加国内外各级各类展示展演，各种年画产品受到国内外的一致好评。

第六章　绵竹木版年画在新时期的新运用场景

绵竹木版年画是中国“四大年画”之一，也是巴蜀文化的一张名片，是民间绵竹木版年画艺人世世代代艺术才能的结晶。随着时代的发展，创新和推广传统文化越来越受到人们的重视。绵竹市在保护、推广和传承绵竹木版年画的同时，也将绵竹木版年画运用于各种新场景，既促进了传统文化的发扬，也起到了较好的宣传作用。

一、年画宣传作品

绵竹市擅用绵竹木版年画的方式进行各种政策、知识的宣传，以绵竹木版年画为载体，生动形象地创作了各种宣传作品，如疫情防控知识宣传年画、廉洁宣传年画和垃圾分类宣传年画等，内容浅显易懂、传播性较强，受到人民群众的一致欢迎和好评。

（一）疫情防控知识宣传年画

2020年1月，新冠肺炎疫情暴发，绵竹年画博物馆工作人员于2020年1月26日通过电脑绘制软件连夜创作了7幅防疫宣传年画，在1月27日上午发布，分别为：《出门一定戴口罩》、《防控疫情注意事项》、《众志成城　齐心协力防控疫情》（见图2，作者：胡光葵）、《向广大医务工作者致敬》、《鼠年安康》、《关爱他人　保护自己》、《增强防范》。

这组防疫宣传年画作品在绵竹木版年画的色彩、现代构思、构图的基础上，巧妙融入了新冠肺炎疫情防范的相关知识，画面上的所有人物包括年画娃娃、门神和生肖老鼠等都戴上了口罩，通俗易懂地让人们了解预防新冠肺炎的相关知识，增强人们的防范意识，同时也为抗疫一线的工作者加油，向广大医务工作者致敬。年画作品的表现形式或传统、或现代，内容丰富，形式多样，让人耳目一新。这组防疫宣传年画为抗击新冠肺炎疫情贡献了“非物质文化遗产”力量。

图2　疫情防控知识宣传年画之《众志成城　齐心协力防控疫情》

（二）廉洁宣传年画

绵竹市按照“先行试点、以点带面、整体推进”的原则，围绕“清明健康的政治生态、清正有为的教师队伍、清廉务实的育人环境、清新尚廉的文化风尚、清朗和谐的共建格局”的“五清”目标，以加强制度建设、阵地建设、廉洁文化建设等为措施，扎实有序推进“清廉学校”建设，多维度打造校园“清廉磁场”。学校深掘本土文化资源，结合学校教育教学特色，把“清廉文化”渗透到校园环境布置和校园文化内涵里，创新开展多种形式活动，在“清廉学校”建设中不断探索，积极尝试，让学生在清廉文化氛围中受到潜移默化的教育。

绵竹市围绕“让教师受教育、让学生受感染、让家长受影响”的总体要求，分批将多个公立学校作为“清廉学校”试点，将清廉建设融入学校日常教育工作和校园文化建设中。同时，为避免千篇一律，鼓励各个学校因地制宜，根据自身特点挖掘清廉基因，建设清廉阵地，营造“清廉学校”创建氛围。清道学校是绵竹市第一批清廉建设试点学校之一，“廉洁年画”是清道学校的特色优势，其将“清廉学校”建设同学科教学、学校特色校本课程、校园文化建设相融合，开发廉洁年画校本教材，将廉洁教育融入书法、美术课堂中。在推进“清廉学校”建设中，清道学校制作了《绵竹年画校本课程读本》，被评为四川省中小学中华文化优秀校本课程读本，画赋廉意、以画传廉，从小教育孩子树立清廉意识，培养廉洁习惯。

在2021年新春来临之际，绵竹市第二示范幼儿园积极推进“清廉学校”建设，打造清廉和美校园，举办了“年画娃娃唱廉年”活动，倡议“廉”以养德，“洁”育人心，节日“纠风”不打烊。幼儿园全体幼教人创作了《年画娃娃唱廉年》清廉微视频，以年画贯穿全片，融入廉洁、新春、年画元素，童声诵读清廉歌谣，引领大家走进绵竹木版年画，播种下一颗颗“廉”的种子。

（三）垃圾分类宣传年画

实行垃圾分类，既关系广大人民群众生活环境，又关系节约使用资源，同时也是社会文明水平的一个重要体现。为让人民通俗易懂地了解垃圾分类方法，更好地宣传垃圾分类知识，绵竹年画馆组织年画艺人以年画娃娃为主题创作了4幅垃圾分类宣传年画。每幅画分别是一个身着蓝色、绿色、灰色、红色衣服的年画娃娃，分别手持螺丝钉、鱼骨、用过的卷纸、废旧灯泡，帮助大家了解可回收垃圾、厨余垃圾、其他垃圾以及有害垃圾四类垃圾的分类标准、分法及标识。四个活泼可爱的绵竹年画娃娃以四种不同的形象画面，对应可回收垃圾、厨余垃圾、其他垃圾以及有害垃圾，成为垃圾分类知识的“代言人”。通过活泼有趣的年画娃娃，生动形象地展示和普及垃圾分类的常识和处理方法，以群众喜闻乐见的方式，将垃圾分类的理念深入人心。许多政府部门将其当成公益广告（见图3，作者：贾君）张贴于公共场所，上墙于农家民居，让人们自觉参与垃圾分类。

图3　垃圾分类宣传年画

二、年画释法作品

绵竹市充分挖掘本地年画文化资源，在普法载体和形式上精耕细作，不断创新和丰富宣传内容和载体，推动法制宣传教育与传统文化融合发展。通过创编年画释法系列作品，如《党的第十九届五中全会精神年画读本》、四川省委第十一届第三次全会精神主题宣传年画、《法律七进绵竹年画释法》画册、《民法典·年画释法读本》等数种法治宣传年画手册，切实增强了普法实效，加深文化浸润力度，凝聚法治建设精神力量，取得了良好的宣传效果。通过"年画上墙"形式，让乡村建设、社区建设和城市建设融入法律元素，实现法治宣传从"被动普法"向"主动学法"转变。

（一）《党的第十九届五中全会精神年画读本》

2020 年 10 月 26 日至 29 日，中国共产党第十九届中央委员会第五次全体会议在北京召开。在会议胜利闭幕之际，绵竹年画传承人群共同协作创作出《党的第十九届五中全会精神年画读本》，以活泼生动的年画图案深入浅出地宣传和诠释党的十九届五中全会精神，用群众喜闻乐见又通俗易懂的方式宣传全会精神。

年画读本中，喜庆可爱的儿童或是聚在一起翻看《宪法》，或是蹲在草地里栽种绿植，一旁还配以"美丽中国""爱护环境"等文字，或是扬帆"丝路精神"旗帜，配以"形成对外开放新格局"等文字，以及"富国强军""改善人民生活品质""人与自然和谐共生"等。这本年画读本生动有趣、内容丰富，不仅包含了党的十九届五中全会精神的重要内容，也饱含了绵竹木版年画艺人的满满祝福。

2018 年 6 月 29 日至 30 日，中国共产党四川省第十一届委员会第三次全体会议在成都举行。为更好地学习贯彻省委第十一届第三次全会精神，绵竹市专门组织了 10 余名年画创作骨干，创作了近 30 幅以宣传全会精神为主题的宣传年画（见图 4），并绘制在各旅游景区景点以及乡村农户墙上。这种"接地气"的宣传形式，受到了当地村民的欢迎，获得了村民的一致点赞，既起到了很好的宣传教育作用,又美化了乡村环境,形成了一道独特的乡村文化风景线。

图4　王建星夫妇绘制宣传四川省委第十一届第三次全会精神

(二)《法律七进绵竹年画释法》画册

2018 年 12 月 4 日是我国的第五个宪法宣传日,2018 年 12 月 2 日至 8 日是我国的首个宪法宣传周。绵竹市司法局委托市美术作家协会组织创作了《法律七进绵竹年画释法》画册,依托绵竹木版年画的资源优势,大胆探索创新,以传统年画的形式解读法治精神,切实增强普法实效、取得了良好的社会效果。经过长达 1 年时间的创作和反复修改,该画册在宪法宣传周期间面向社会大众公开发行。截至 2020 年,已发行了 2.4 万套,共计 14.4 万册。画册长 15.5 厘米,宽 10.5 厘米,大小合适,方便读者随时携带,随时阅读,让广大群众经常接受法治的熏陶,学习法律知识,将法治理念潜移默化地渗入到日常的生活、工作、学习中,进一步提升了群众的法治素养,让法治教育更加贴近民心。

《法律七进绵竹年画释法》画册(见图 5)具有图文并茂,内容丰富，通俗易懂等特点。画册共6本，分为机关篇、学校篇、乡村篇、社区篇、企业篇和单位篇，每个篇章60余页，都以“尊法学法守法用法”8个大字配以年画为卷首，是一套集艺术性、观赏性和收藏性于一体的普法宣传工具书。第一部分以贯彻“十六字”方针为关键词，积极践行党的十九大关于“全面依法治国是国家治理的一场深刻革命，必须坚持厉行法治，推进科学立法、严格执法、公正司法、全民守法”的重要精神。第二部分以“弘扬宪法精神”为主题，以贯彻“宪法是国家的根本法，是治国安邦的总章程，是党和人民意志的集中体现”的理念。第三部分以“树立法治信仰”为主题，以贯彻“法律必须被信仰，否则将形同虚设；法律权威源自人民的内心拥护和真诚信仰”的理念。第四部分以“形成法治良序”为主题，以贯彻“四川坚持以习近平新时代中国特色社会主义思想为统揽，切实把治蜀兴川各项事业纳入法治化轨道，全省办事依法、遇事找法、解决问题用法、化解矛盾靠法的法治良序总体形成”的理念。第五部分以“强化廉政文化”为主题，以贯彻“打铁必须自身硬。全面从严治党永远在路上。人民群众最痛恨腐败现象，腐败现象是我们党面临的最大威胁”的理念。第六部分以“健全基层治理体系”为主题，以贯彻“中国共产党的领导是中国特色社会主义法治之魂，基层治理必须牢牢坚持党的领导。自治、法治、德治都是基层治理不可或缺的重要方式，三者相互联系、相互促进、相得益彰”的理念。第七部分以“弘扬社会主义核心价值观”为主题，以贯彻“社会主义核心价值观是当代中国精神的集中体现，凝聚着全体人民共同的价值追求”的理念。第八部分以“弘扬中华传统美德”为主题，以贯彻“道德是法治的基石，以道德滋养法治精神，弘扬中华传统美德，强化规划意识，倡导契约精神，弘扬公序良俗”的理念。第九部分和第十部分根据“法律七进”每一进普法内容，收录了60～70幅生动精美的法治年画。画册共收录了270余幅生动精美的年画，配上朗朗上口的释法短句，内容通俗易懂，运用绵竹年画这个文化载体，将法律宣传的形式由过去单一的“大水漫灌”向“精准滴灌”转变，群众从“被动普法”向“主动学法”转变，以深度融合、通俗易懂的普法方式，升温了全民普法的热度，为人民群众尊法、学法、守法、用法打开了又一扇“方便之门”。

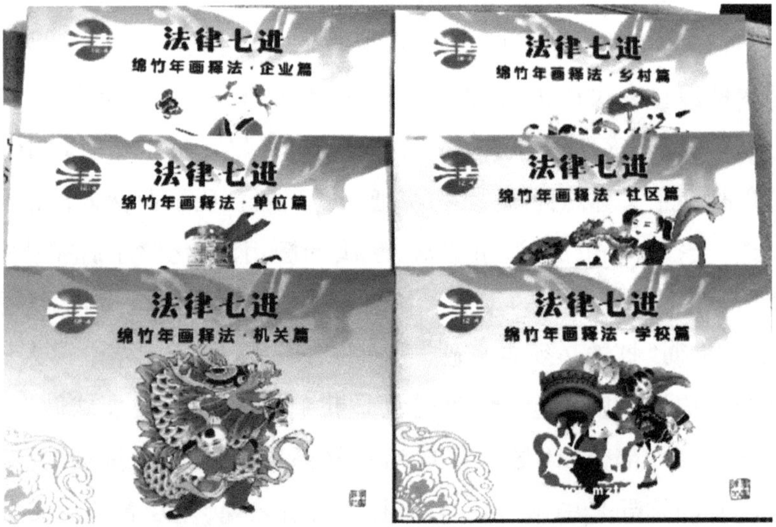

图5 《法律七进绵竹年画释法》画册

（三）《民法典·年画释法读本》

《民法典》是一部固根本、稳预期、利长远的基础性法律，其立法宗旨和目的就是保护民事主体的合法权益，调整民事关系，维护社会和经济秩序，适应中国特色社会主义发展要求，弘扬社会主义核心价值观。在创编《民法典·年画释法读本》的过程中，绵竹市政府联合四川师范大学、泰和泰律师事务所组成创编工作组共同创编《民法典·年画释法读本》，以人民群众的需求为导向，选取与人民群众生产生活、生产关系最为密切的法律内容进行创作，引导人民群众认识到《民法典》的规范、引领作用，树立人民群众办事依法、遇事找法、解决问题用法、化解矛盾靠法的法治思维和习惯。

《民法典·年画释法读本》以《民法典》为依据，内容包含总则、物权、合同、人格权、婚姻家庭、继承、侵权责任七个篇章。《民法典·年画释法读书》挑选了与百姓生活密切相关的法条共计 314 条，配置了 269 幅吉祥生动、画意明晰的年画，精编了 269 段通俗易懂、朗朗上口的顺口溜解读法条要义，让阅读者在年画欣赏中学习《民法典》相关条款，在民谣式顺口溜中恪守《民法典》的法律精神，让年画、法条、民谣侵染百姓的日常生活。

《民法典·年画释法读本》第一部分以《民法典·总则》为依据，内容涵盖基本规定、自然人、法人、民事法律行为、代理、诉讼时效各项制度，挑选与百姓生活密切相关的法条共计 76 条，配置了 60 幅吉祥生动、画意明晰的年画，精编 60 段通俗易懂、朗朗上口的顺口溜解读法条要义，让阅读者在年画欣赏中学习《民法典·总则》相关条款内容，在民谣式顺口溜中传扬《民法典·总则》的基本理念、基本原则和一般规则，通过潜移默化的方式使民法基本知识深入百姓的内心。第二部分以《民法典·物权》为依据，内容涵盖通则、所有权、用益物权、担保物权各项制度，挑选与百姓生活密切相关的法条共计 80 条，配置了 60 幅吉祥生动、画意明晰的年画，精编 60 段通俗易懂、朗朗上口的顺口溜解读法条要义，让阅读者在年画欣赏中学习《民法典·物权》相关条款内容，在民谣式顺口溜中洞察《民法典·物权》的财富密码和具体规则。第三部分以《民法典·合同》为依据，内容涵盖通则、典型合同、准合同各项制度，挑选与百姓生活密切相关的法条共计64条，配置了59幅吉祥生动、画意明晰的年画，精编59段通俗易懂、朗朗上口的顺口溜解读法条要义，让阅读者在年画欣赏中学习《民法典·合同》相关条款内容，在民谣式顺口溜中恪守《民法典·合同》的契合精神和具体规则。第四部分以《民法典·人格权》为依据，内容涵盖一般规定、生命权、健康权、身体权、隐私权、个人信息等各项制度，挑选与百姓生活密切相关的法条共计32条，配置了30幅吉祥生动、画意明晰的年画，精编30段通俗易懂、朗朗上口的顺口溜解读法条要义，让阅读者在年画欣赏中学习《民法典·人格权》相关条款内容，在民谣式顺口溜中细品《民法典·人格权》的人格价值和具体规则。第五部分以《民法典·婚姻家庭》为依据，内容涵盖一般规定、结婚、家庭关系、离婚等各项制度，挑选与百姓生活密切相关的法条共计32条，配置了30幅吉祥生动、画意明晰的年画，精编30段通俗易懂、朗朗上口的顺口溜解读法条要义，让阅读者在年画欣赏中学习《民法典·婚姻家庭》相关条款内容，在民谣式顺口溜中秉持《民法典·婚姻家庭》的传统美德和具体规则。第六部分以《民法典·继承》为依据，内容涵盖一般规定、法定继承、遗嘱继承与遗赠、遗产的处理各项制度，挑选与百姓生活密切相关的法条共计20条，配置了18幅吉祥生动、画意明晰的年画，精编18段通俗易懂、朗朗上口的顺口溜解读法条要义，让阅读者在年画欣赏中学习《民法典·继承》相关条款内容，在民谣式顺口溜中坚信《民法典·继承》的财富传承美德。第七部分以《民法典·侵权责任》为依据，内容涵盖一般规定、损害赔偿、责任主体的特殊规定、产品责任、机动车交通事故责任、医疗损害责任、环境污染与生态破坏责任、高度危险责任、饲养动物致人损害责任等各项制度，挑选与百姓生活密切相关的法条共计42条，配置了42幅吉祥生动、画意明晰的年画，精编42段通俗易懂、朗朗上口的顺口溜解读法条要义，让阅读者在年画欣赏中学习《民法典·侵权责任》相关条款内容，在民谣式顺口溜中践行《民法典·侵权责任》的责任担当和具体规则。

（四）绵竹市孝德镇年画村法治广场

绵竹年画村（见图6）位于四川省绵竹市孝德镇，2010年12月由原大乘村和原射箭台村合并而成，占地面积8.5平方千米，是中国“四大年画”之一绵竹年画的发源地。“5·12汶川地震”中，该地受损严重，在国家和地方政府的支持下，围绕继承和发扬绵竹木版年画文化、展示三国文化、传承忠孝文化、打造旅游文化的工作思路，打造了绵竹年画村，将国家级非物质文化遗产转移成产业优势，建立和发展绵竹木版年画产业基地。2021年，司法部、民政部将绵竹年画村纳入第八批“全国民主法治示范村（社区）”。

绵竹年画村中几乎家家户户都会制作“绵竹年画”，处处可见色彩鲜艳、乡土气息浓郁的年画，采用年画上墙的形式，将传统题材的三国故事、民间传说、二十四孝图、百戏图和现代题材的社会主义核心价值观、党的十九大精神、抗震救灾等年画画在农家的院墙上，运用二十四孝雕塑群、廉政景观等宣扬中华民族的传统美德——礼、义、廉、忠、孝。文化是绵竹年画村的精神符号，“年画+美食”“年画+休闲”“年画+旅游”等新业态是绵竹年画村的物质符号。绵竹年画村是一处以年画商品生产、加工基地建设为主，辅之以乡村旅游功能的现代化新农村。

图6 绵竹年画村

党的十九大报告明确提出实施乡村振兴战略,对稳步推进农村经济建设、政治建设、文化建设、社会建设、生态文明建设和党的建设作出了全面部署,并首次明确提出"建设法治乡村"。建设法治乡村是乡村振兴战略的内在要求和不可分割的组成部分,为乡村振兴提供强有力的立法、执法、司法、守法保障,进而助推乡村振兴战略的实施。绵竹年画村在展示发扬传统文化的同时,还紧密结合依法治市工作,创新法治宣传形式,夯实法治基础,加强了法治宣传阵地建设,倾力打造了年画村法治文化广场。绵竹年画村充分利用地理环境和传统文化优势,拓展宣传内容,将年画文化与德孝文化、法治文化、农耕文化有机结合,传播法治精神,传颂德孝文化,传扬村规民约,打造法治理念、清正廉洁、反对邪教与绵竹木版年画元素融为一体的法治教育基地,并以参观年画、年画上墙、亲手绘制法治年画等方式,寓教于乐,提升群众法治文化素养。

2021 年,绵竹市孝德镇年画村法治广场入选四川省第三批省级“法治宣传教育基地”。

年画村法治文化广场(见图 7)入口,伫立着一尊象征司法公正的独角兽和“依法治国”几个大字。广场涵盖了崇法亭、法治舞台、宪法书、法治符号墙、中国法治文化墙等标志性建筑,让村民和前来参观的游客在休憩、游玩的同时能学到法律知识,感受浓厚的法治文化氛围,有效发挥法治阵地的教育引导功能,增强法治文化的渗透力和感染力。同时,法治文化广场法制宣传栏的内容紧紧围绕农民生产、生活所涉及的法律知识,主题鲜明、通俗易懂。宣传栏还公示了村级部分权力清单流程图,包括《村级重大事项“四议两公开一监督”流程图》《村级工程建设流程图(自有资金,额度 20 万以下)》《村级物采购流程图(额度 1 万元以上)》《集体资源资产管理流程图》《村务公开流程图》《低保(特困供养)申请流程图》《困难救助申请流程图》等,让权力公示在阳光下,让村民办事“少跑路”。

图 7　绵竹市孝德镇年画村法治广场

三、数字化年画作品

互联网时代,信息化、数字化迅速发展蔓延,对传统文化的创新和发展也起到了重要推动作用。绵竹市政府对绵竹木版年画的传承尤为重视,通过修建绵竹年画博物馆、举办年画节、在各地美术馆以及博物馆展示绵竹木版年画等形式进行推广。绵竹木版年画也一直在与时俱进,在传统的年画艺术中加入新时期、新时代的元素,不断焕发出新的艺术生机。

(一)绵竹年画数字化档案

档案数字化是随着计算机技术、扫描技术、数字摄影技术(录音、录像)、数据库技术、多媒体技术、存储技术的发展而产生的一种新型档案信息形态,它把各种载体的档案资源转化为数字化的信息,以数字化的形式存储、网络化的形式互相连接,利用计算机系统进行管理,形成一个有序结构的档案信息库,及时提供信息,实现资源共享。绵竹木版年画的传承、发展和保护需要数字媒体技术的强有力支持。在历史长河中,绵竹木版年画的宣传形式多是口头传播、年画上墙以及年画市场的售卖等,为增强绵竹木版年画的档案保护力度,建立数字化档案是绵竹木版年画保护的必然使命。

《德阳市绵竹年画保护条例》第 7 条和第 10 条规定,文化主管部门可综合运用图片、文字、录音、录像、数字化多媒体等多种方式,进行真实、系统、全面记录,建立档案和数据库,做好保存工作。在《德阳市绵竹年画保护条例》出台后 1 年内,绵竹年画博物馆馆员调查清理年画历史档案资料 1122 种,整理年画文物 86 件,其中二级文物 14 件、三级文物 72 件,还复制雕刻了蟾宫折桂、赵公镇宅、寿天百禄等 10 件传统题材年画古版,完成了年画资源调查和国家级、省级传承人年画技艺的抢救性保护记录，初步建立了绵竹木版年画数字化档案。

（二）“年画传说”手机游戏

如今生活文化越发多元，科技化程度也越来越高，年画的传承和弘扬不能单一在纸上，而应当创新思维，与时俱进，以人们更加喜闻乐见的方式呈现。为传承和弘扬绵竹木版年画这一宝贵的传统文化，让绵竹木版年画被更多人所熟知，成都大学美术与影视学院与绵竹年画博物馆联手将绵竹年画变身为手机互动游戏“年画传说”，以数字化形式呈现绵竹木版年画，让游戏玩家在“动手”过程中切身感受绵竹木版年画的魅力。

打开手机游戏“年画传说”的游戏页面，首先能欣赏到一段3分钟左右的动画：川剧锣鼓铿然响起，巍峨壮观的城楼出现在眼前。一阵黑云化为怪兽，门神秦叔宝、尉迟恭从年画上跃下，激战一番后顺利将其制服……开场动画结束后，游戏正式登场。“年画传说”手机游戏以绵竹木版年画为主题，分为简介、类型和制作三个部分。而在最能体现游戏互动性的“制作”环节中，游戏玩家首先得滑动屏幕，“上香”祭拜伏羲，因为早在明朝时期，绵竹地区就已出现年画行会“伏羲会”，专业年画创作人员和规模不等的作坊汇聚其中。经过“砍竹”“刻线”“上色”“贴门神”等步骤，游戏玩家不仅能虚拟体验年画制作流程，还能了解传统工艺背后的文化内涵，在“动手”过程中切身感受绵竹木版年画的魅力。

“年画传说”手机游戏让人们通过模拟制作年画深入了解绵竹木版年画，既激发了人们的参与性、求知欲，也真实地展现了绵竹木版年画的本位，收获了社会各界的好评，同时也更好地保护、传承和弘扬了绵竹木版年画。

(三)绵竹医保年画娃娃

2021年5月初,绵竹市医疗保障局历时3个月策划完成的“绵竹医保年画娃娃”表情包正式在微信上线。绵竹市医保局通过设计推广医保动漫形象和衍生品,实现宣传内容从可读到可视、从静态到动态、从一维到多维、从单向到互动的转变,旨在通过用群众喜闻乐见的形式,解读医保政策,让更多群众了解医保政策,感受医保政策带来的实惠。同时,绵竹市医保局还将主动适应新媒体传播新形势,汇聚传统媒体和新媒体各方力量,把握新媒体宣传特点和规律,创新表达形式,综合运用视频、音频、图解、动漫等多种形式,加大宣传力度,提高政策普及率,形成人人知晓政策、人人懂政策的良好氛围。

“绵竹医保年画娃娃”表情包(见图8)以年画为载体,融合了体育中心、明珠塔、年画村、中华年俗村等绵竹地标建筑,内容包括日常交流、医保服务、重点工作等方面,绵竹市医保局共制作了30余个活泼生动的表情包,最终挑选了16个表情包进行上架。这套“绵竹医保年画娃娃”表情包植入了医保标志,线条设计简单,形象呆萌可爱,总体观感幽默逗趣,结合网络流行元素,延伸设计了10多种表情形态,以适当夸张的表情,体现群众丰富的心理活动和情绪表达等。打开微信表情,绵竹医保年画娃娃向大家自我介绍道:“我是绵竹医保年画娃娃,我热爱家乡热爱医保,我的任务是为家乡医保做推广宣传,目的是让更多老百姓了解医保政策,感受到医保带来的实惠,希望大家多多关注绵竹医保。”

图 8　绵竹医保年画娃娃表情包

第七章　非物质文化遗产产业发展展望

一、绵竹市非物质文化遗产保护与传承的制度完善

2017年1月，中共中央办公厅、国务院办公厅印发的《关于实施中华优秀传统文化传承发展工程的意见》提道："党的十八大以来，在以习近平同志为核心的党中央领导下，各级党委和政府更加自觉、更加主动推动中华优秀传统文化的传承与发展，开展了一系列富有创新、富有成效的工作，有力增强了中华优秀传统文化的凝聚力、影响力、创造力。同时要看到，随着我国经济社会深刻变革、对外开放日益扩大、互联网技术和新媒体快速发展，各种思想文化交流交融交锋更加频繁，迫切需要深化对中华优秀传统文化重要性的认识，进一步增强文化自觉和文化自信；迫切需要深入挖掘中华优秀

传统文化价值内涵，进一步激发中华优秀传统文化的生机与活力；迫切需要加强政策支持，着力构建中华优秀传统文化传承发展体系。”

非物质文化遗产是各族人民世代相传并视为其文化遗产组成部分的各种传统文化表现形式，以及与传统文化表现形式相关的实物和场所。[①] 中国各地都有着丰富的传统文化。对这些传统文化如何进行法律保护，如何在保护中传承，在传承中创新，同时，利用这一传统文化为中国的法治文化建设服务，这些都是值得研究的课题。

作为绵竹市一张响当当的城市名片——绵竹木版年画，不仅是世世代代巴蜀民间画师们的智慧结晶，更是中华优秀传统文化的一枚瑰宝。绵竹木版年画作为中国“四大年画”之一，素有“四川三宝”“绵竹三绝”之美誉。近年来，绵竹市在运用法律手段保护绵竹木版年画和运用绵竹木版年画这种非物质文化遗产为全面建设社会主义现代化国家提供精神力量方面进行了有益的探索，积累了丰富的经验。随着绵竹木版年画技艺传承与保护、年画产业发展、年画人才培育等工作的不断推进，绵竹非物质文化遗产特别是年画保护面临的新问题新矛盾逐步凸显，需要进行梳理与完善。

（一）绵竹市非物质文化遗产的知识产权保护建议

非物质文化遗产的知识产权保护是现阶段较为重要的法律保护手段。知识产权保护虽然是以私权的方式对非物质文化遗产提供保护，但在保护相关传承人或机构私权的同时，也能起到保护公共利益的作用。知识产权的保护路径可以兼顾非物质文化遗产的

① 宋俊华：《关于非物质文化遗产数字化保护的几点思考》，载《文化遗产》2015年第2期。

传承与发展。为大力发展绵竹市非物质文化遗产产业，应进一步完善和增强知识产权保护的力度。非物质文化遗产的知识产权保护，除著作权可以自动取得外，其余知识产权都需要权利人的申请来获得法定机关的授权。

第一，关于绵竹木版年画等非物质文化遗产的专利、商业秘密保护问题。通过专利和商业秘密来对绵竹木版年画等非物质文化遗产进行法律保护，有其必要性。要推进这项工作，首先需要政府或相关行业组织、绵竹木版年画的核心传承人和重点企业，共同组建工作机构，对绵竹木版年画所涉及的具体工艺、技法、材料等进行梳理分类，确定属于传统技艺和知识的信息范围，并进行相应的固化和确认。其次，在准确划定了传统技艺和知识信息边界的基础上，寻求创新和突破的思路和方向，并组织相应的科研技术人员进行研究，提出新的技术方案。最后，针对确有实效的新技术方案，谨慎评估是否提出专利申请，或将其作为商业秘密予以保护。例如，年画的制作加工工序是否具有调整优化的方案，颜料是否具有独到的配方或加工制作技术等，都有可能形成可专利的技术内容。非物质文化遗产的专利保护难点在于区分其中属于传统知识的部分，只有具有创新部分的技术方案，才适合通过专利进行保护。

第二，关于绵竹木版年画等非物质文化遗产的商标保护问题。商标是区分商品和服务来源的标记。当非物质文化遗产进入市场领域之后，就经营者而言，存在进行商标保护的必要性。具体到绵竹木版年画产业的商标保护问题，可以从以下三个层面考虑。首先，作为个体的绵竹木版年画经营者，无论其是以个体工商户名义在从事年画的制作和销售，还是以个人独资企业、公司名义进行年画的设计开发、制作加工和销售等业务，都可以申请自己专用的商标，用以和其他绵竹木版年画经营者提供的商品和服务进行区分。这是经营者商标，既可以是自己企业的字号，也可以是个人传承人的姓名或肖像，只要符合《商标法》的注册条件，都可以考虑申请为商标。其次，从绵竹木版年画作为非物质文化遗产整体来看，需要与其他产地的年画进行区分，避免被其他年画冒用，损害绵竹木版年画作为非物质文化遗产的声誉和利益。此类商标属于集体或证明商标，需要由能代表绵竹木版年画非物质文化遗产群体的机构来申请、管理和保护。最后，对注册商标的使用和保护问题，需要建立相应的品牌营销理念，善用商标的质量表彰功能，通过适当的营销宣传方式，扩大绵竹木版年画作为国家级非物质文化遗产的影响力。

第三，关于绵竹木版年画等非物质文化遗产的著作权保护问题。就绵竹木版年画这一类美术作品而言，除非是对传统题材作品的简单模仿复制，可能会因其不具备独创性而不受《著作权法》保护，一般根据现实题材进行的年画创作，都能作为美术作品受《著作权法》的保护。著作权保护不需要以注册等登记为条件，从作品完成之日起就自动受法律保护。因此，在考虑加强对绵竹年画的著作权保护方面，可以从以下四个方面入手。首先，如专利保护的第一步工作一样，也需要对流传至今的传统棉竹木版年画的画作式样进行收集、登记和保存，以便确定哪些表现形式是古人创作的成果，其相关财产权不应再纳入保护范围，可以供公众自由使用。其次，对传承人或相关企业创作的新作品，需要具有证据意识，注意留存画作原件底稿，必要时可以考虑及时进行作品登记，以便在后续出现著作权纠纷时作为确权证据。再次，要树立著作权保护的广泛意识，不仅要对绵竹木版年画的广大创作者进行著作权法知识的普及，那些利用、使用绵竹木版年画进行产品设计、开发和销售的其他企业、经营者，更需要具有清晰的著作权法律意识，避免错误地认为绵竹木版年画作为非物质文化遗产，不具有著作权，从而陷入确权的境地。最后，政府需要考虑通过一定的扶持或资助政策，帮助绵竹木版年画传承人或企业进行著作权维权，在著作权维权成本高、赔偿低的情况未得到实质改善前，政府的支持是尤为重要的。在发生损害绵竹木版年画非物质文化遗产整体利益的案件时，政府应当支持甚至是代表绵竹木版年画非物质文化遗产利益群体站出来维护权利。

（二）构建非物质文化遗产保护新模式

根据非物质文化遗产的特点，借鉴先进国家和地区的成功经验，可以从加强政府、社会组织、个人之间协作关系的角度，构建更有效的非物质文化遗产保护新模式。

第一，针对非物质文化遗产具有公共属性的特点，政府应当担负起保护和发展非物质文化遗产的主导责任。例如，可以由政府部门牵头或出资建立非物质文化遗产的数据库，由非营利性的社会组织或事业单位进行管理，通过广泛深入的调查，收集非物质文化遗产的详细数据和内容、信息，形成数字化的数据库，除部分需要纳入保护的保密信息外，其他信息应对公众开放，提供公众查询和获取非物质文化遗产信息的便利。

第二，针对非物质文化遗产维权难的问题，应通过行业组织和司法机关建立维权援助机制。非物质文化遗产本身的法律属性就比较复杂，维权诉讼更是专业化要求非常高的工作。由非物质文化遗产传承人或企业自行判断其享有哪些权利，其权利是否遭受了损害，应当通过什么法律程序和途径维护自己的权利，往往是非常困难的。政府或相关行业组织应当建立起针对非物质文化遗产的维权援助机制，向非物质文化遗产传承人或企业等利益主体提供法律咨询,必要时协助其启动维权行动。司法机关也应主动加强对非物质文化遗产的司法保护力度,对确实存在侵权行为的被告施以较一般侵权更重的惩处。检察机关也应研究非物质文化遗产公益诉讼的可行机制,为非物质文化遗产司法保护提供更多可选途径。

二、构建商业开发与利用非物质文化遗产的利益分享机制

(一)“权利弱化与利益分享理论”的引入

非物质文化遗产具有公共属性与知识产权属性,如果仅注重非物质文化遗产的知识产权属性,忽略其公共属性,很可能会造成非物质文化遗产所处地区的居民无法合理正当使用、传播和创新非物质文化遗产,非物质文化遗产的传承与发展将受到阻碍,最终也会制约非物质文化遗产的产业化发展道路。因此,非物质文化遗产产业的发展离不开知识产权的保护,同时也需要在现有知识产权制度中引入新的理论,对其利益分配进行调整。

现有的知识产权的权利内容表现为许可权与禁止权相结合,具体来说,知识产权所有人依照法律享有许可他人实施其智慧财产的权利,同时,其他任何第三人都不得未经知识产权所有人许可,擅自以营利为目的实施相关行为,知识产权所有人有权请求其停止侵害,但法律另有规定的除外。在许可权与禁止权的保护模式下,知识产权的所有人几乎拥有了完全垄断的权益,如果直接赋予某个特定的非物质文化遗产传承人,就等于将非物质文化遗产的公共属性置之不理。

为平衡非物质文化遗产的保护与商业开发利用之前的利益平衡,使非物质文化遗产产业化发展中的效用最大化,非物质文化遗产所蕴含的经济利益既需要与创造者或管理者分享,也需要与利

用非物质文化遗产进行商业开发、投入了时间与精力的使用者分享。此时,直接套用知识产权的许可权与禁止权很难实现非物质文化遗产的最大价值。

保护非物质文化遗产是为了传承与发展,将非物质文化遗产纳入知识产权保护制度中是因为二者具有同质性,可以借助知识产权来鼓励更多非物质文化遗产传承人加入保护与发展非物质文化遗产的队列中,避免非物质文化遗产消失,但也要避免非物质文化遗产传承人滥用禁止权而导致他人无法推广、创新与发展非物质文化遗产。

“权利弱化与利益分享理论”就是为更好地保护非物质文化遗产而提出的理论。该理论主张,知识产权所有人有权从其受法律保护的智力成果中取得相应的利益;任何他人未经知识产权所有人许可,擅自以营利为目的实施其智力成果,知识产权所有人有权请求赔偿损失,并且依法享有请求该侵权行为人以合理的条件与其签订知识产权许可使用合同;只有当该侵权行为人无正当理由拒绝以合理条件与知识产权所有人签订知识产权许可使用合同时,知识产权所有人才有权请求其停止侵害行为;但法律另有规定或者其他特别情形的除外。①

在非物质文化遗产保护与产业发展中引入“权利弱化与利益分享理论”不仅发挥了知识产权的激励作用,还在一定程度上保障了非物质文化遗产传承人的智力成果,同时重视非物质文化遗产资源的有限性,特别是任何个体基于非物质文化遗产而创造的智力成果都离不开非物质文化遗产的公共资源,这种公共资源是世

① 参见曹新明、梅术文:《民族民间传统文化保护的法哲学考察——以知识产权基本理论为研究范式》,载《法制与社会发展》2005年第2期。

代非物质文化遗产创造者的积淀，该种资源可能处于非物质文化遗产集体组织的管理之中，因此，如果某个个体在前人的基础上创造而获得了知识产权所有权时，并不能当然地禁止该非物质文化遗产集体组织的成员对其公共资源的再利用，而且作为非物质文化遗产的受益人，也应当让渡部分自己的利益，允许其他非物质文化遗产的创作者对其开发的成果进行合理的商业开发与利用。任何非物质文化遗产的发展都离不开前人的贡献，是非物质文化遗产地区的人们共同创造与世代相传的结果。

非物质文化遗产的保护也离不开经济的支持，因此，将非物质文化遗产的个体权利弱化，建构一种让非物质文化遗产的创造者、传播者、开发者的利益分享机制是可行且必要的。依据"权利弱化与利益分享理论"，非物质文化遗产的知识产权所有人仍享有专有权利，且应当针对具体情况适用禁止权，当其发现他人侵犯自己的知识产权时，权利人首先应是向侵权人行使基于利益分享的损害赔偿请求权与实施许可合同缔结请求权，而不是马上行使停止侵害请求权或者基于绝对排他权原则要求侵权人进行全部赔偿。[①] 同时，个体基于非物质文化遗产所拥有的知识产权不能阻止同地区或协会内部的成员基于非物质文化遗产公共资源享有的权利，只有这样，最终才能促进非物质文化遗产共同发展与创新。

总体来说，"权利弱化与利益分享理论"既肯定了智力劳动者对其智力成果享有专有权利，同时又使其依法享有的知识产权向更具效益性方面弱化，使知识产权所有人的利益、智力成果使用与开发者的利益以及社会的总体利益都得到最大限度的增加，为知

---

① 参见戴琳：《民族民间传统文化的知识产权保护》，载《云南大学学报(法学版)》2011年第5期。

识产权最大限度地转化为社会生产力、企业竞争力和国家综合竞争力奠定坚实的制度基础。①

（二）非物质文化遗产权利主体与相关利用主体之间的利益分享机制

非物质文化遗产的商业开发与利用需要平衡非物质文化遗产所属区域的群体或个人的经济利益和国家整体经济的发展，在非物质文化遗产的法律保护中，既不能无限地让渡非物质文化遗产地区的集体与个体的利益；也不能为了非物质文化遗产地区的集体与个体利益，而放弃其他主体对其进行商业开发与利用的可能。没有外来资金与技术的投入，最终可能会导致非物质文化遗产地区的经济发展停滞。因此，非物质文化遗产权利主体与相关利用主体之间的利益分享机制的构建显得尤为重要。

非物质文化遗产的商业开发与利用分为直接利用与间接利用。前者是直接针对非物质文化遗产本身的内容进行利用，如非物质文化遗产旅游村的打造。后者是在非物质文化遗产的基础上，制造出一些与非物质文化遗产相关的产品，其产品具有一定的创新性。任何非物质文化遗产地区的人们对自己所拥有的非物质文化遗产进行商业开发与利用，仅涉及集体内部的利益分享，在该种情况下可以在集体内部协商，确定利益分享的比例与方式。如郎德是黔东南州雷山县的一个苗族古老自然村寨，在多年的乡村旅游发展中，社区一直管理传统资源权利，并逐渐形成一套村委会基金管理与社区生计发展的模式，即村民选举代表组成村委会，村委会实行民主决策，村委会统一管理村子发展基金，村子发展基金

① 参见曹新明、梅术文：《民族民间传统文化保护的法哲学考察——以知识产权基本理论为研究范式》，载《法制与社会发展》2005年第2期。

从村子旅游收入中按30%比例预留,基金使用情况公开并且由村民监督。[①] 同时,应根据非物质文化遗产中所享有的精神利益与财产利益进行区分,非物质文化遗产传承人享有自己创作的智力成果的财产利益,但其精神利益应由非物质文化遗产所在地区的集体享有。

对于不属于非物质文化遗产特定地区的其他商业开发与利用者,更需要建立合理的利益分享机制。非物质文化遗产的精神利益属于整个非物质文化遗产特定群体的利益,具有专属性,这类似于著作权中的人身权,非物质文化遗产特定群体及个人的人身权利不可转让,意味着其他人在对非物质文化遗产进行商业利用时不得歪曲非物质文化遗产的内涵,其产品应与非物质文化遗产本身要传达的思想具有一致性。所有不属于非物质文化遗产地区的商业开发者在利用非物质文化遗产时,都应当获得特定集体或个人的许可,即非物质文化遗产地区的集体和个人享有非物质文化遗产的财产权。同时,依据前文所述的"权利弱化与利益分享"理论,如果发生他人未经许可而商业利用非物质文化遗产,不能直接地禁止其使用,商业开发者首选应当给予非物质文化遗产的权利人补偿,通过补签合同等方式继续商业开发和利用非物质文化遗产。

关于利益分享的模式,可以参考与借鉴其他国家的有益做法:首先,通过法律法规确定一个利益分享比例。如2002年秘鲁《关于建立土著人生物资源集体知识保护制度的法律》第8条规定,基于集体知识开发出的货物总销售额税前价值的至少10%应支付给

---

① 参见李发耀:《论非物质文化遗产持有人权利保护的内容及其形式——当前立法焦点分析》,载《贵州师范大学学报(社会科学版)》2009年第1期。

土著人发展基金;第27条第3款规定,土著人因利用其集体知识而接受的补偿应包括促使其可持续发展的初始货币或其他相当惠益,其比例不低于直接或间接基于集体知识开发出的货物总销售额税前价值的5%,视具体情况而定。[①] 其次,由非物质文化遗产的开发利用者与非物质文化遗产的主管部门协商,设定一定的利益分享参考因素,根据不同的个案确定利益分享比例。如2004年印度所出台的《生物多样性规则》第20条关于惠益分享的具体计算公式中提到,利益分享的数额,开发和利用主体应与当地主管机构共同商定,并可适当考虑使用范围、可持续性、预期成果水平等,包括确保保护和可持续利用生物多样性的措施等。最后,非物质文化遗产的开发利用者可以以合同方式与非物质文化遗产所有者协商利益分享方案,同时在法律法规中确立损害赔偿的法律规则。如2001年巴西《保护生物多样性和遗传资源暂行条例》第七章利益分享提到,利益分享包括相关传统知识的产品和工艺进行经济开发而获取的利益,其中对未按照规定的条件利用获取的传统知识并进而研制出产品和方法的经济开发行为,应由过错方支付损害赔偿,数额不低于产品销售的总收入或责任人将产品或技术许可第三方利用时所获总收入的20%,无论是否受到知识产权保护;也无论是否受到行政制裁或适当的处罚。

总体来说,并非所有的非物质文化遗产都可以进行商业开发和利用,非物质文化遗产的产业化发展不应破坏非物质文化遗产的传承与发展,尤其不应破坏其所蕴含的文化价值。非物质文化遗产的利益分享机制的确定不仅具有理论上的可行性,还具有实践上的紧迫性。分享机制的构建不仅能激励相关非物质文化遗产

---

① 参见秦天宝编译:《国际与外国遗传资源法选编》,法律出版社2005年版。

地区的集体和个人积极参与到保护非物质文化遗产的队伍中，还能为非物质文化遗产的产业化发展提供长效保障机制，从而促进非物质文化遗产地区经济跨越式增长。

非物质文化遗产作为一种历代积累的，浓缩了传统科技、经济、艺术智慧的无形成果，是非物质文化遗产传承人安身立命的物质根基，是群体传统文化特质的基本表征，是中华优秀传统文化的重要组成，是传统村落、社区经济、社会发展的内生力量。[①] 对非物质文化遗产进行合理的法律保护和规制，有利于促进非物质文化遗产地区的文化繁荣和拉动非物质文化遗产的产业化发展。

---

① 参见严永和、李帅通：《传统手工艺知识产权保护的路径选择与制度设计》，载《河北法学》2021年第5期。

附　录

1. 全国人民代表大会常务委员会关于批准《保护非物质文化遗产公约》的决定

（2004 年 8 月 28 日第十届全国人民代表大会常务委员会第十一次会议通过）

第十届全国人民代表大会常务委员会第十一次会议决定：批准于 2003 年 11 月 3 日在第 32 届联合国教科文组织大会上通过的《保护非物质文化遗产公约》；同时声明，在中华人民共和国政府另行通知前，《保护非物质文化遗产公约》暂不适用于中华人民共和国香港特别行政区。

2. 保护非物质文化遗产公约

（联合国教育、科学及文化组织第32届大会会议2003年10月17日通过并开放给各国签字、批准和加入 于2006年4月20日生效）

联合国教育、科学及文化组织（以下简称教科文组织）大会于2003年9月29日至10月17日在巴黎举行的第32届会议，

参照现有的国际人权文书，尤其是1948年的《世界人权宣言》以及1966年的《经济、社会及文化权利国际公约》和《公民权利和政治权利国际公约》，

考虑到1989年的《保护民间创作建议书》、2001年的《教科文组织世界文化多样性宣言》和2002年第三次文化部长圆桌会议通过的《伊斯坦布尔宣言》强调非物质文化遗产的重要性，它是文化多样性的熔炉，又是可持续发展的保证，

考虑到非物质文化遗产与物质文化遗产和自然遗产之间的内在相互依存关系，

承认全球化和社会转型进程在为各群体之间开展新的对话创造条件的同时，也与不容忍现象一样，使非物质文化遗产面临损坏、消失和破坏的严重威胁，在缺乏保护资源的情况下，这种威胁尤为严重，

意识到保护人类非物质文化遗产是普遍的意愿和共同关心的事项，

承认各社区，尤其是原住民、各群体，有时是个人，在非物质文化遗产的生产、保护、延续和再创造方面发挥着重要作用，从而为丰富文化多样性和人类的创造性做出贡献，

注意到教科文组织在制定保护文化遗产的准则性文件，尤其

是1972年的《保护世界文化和自然遗产公约》方面所做的具有深远意义的工作，

还注意到迄今尚无有约束力的保护非物质文化遗产的多边文件，

考虑到国际上现有的关于文化遗产和自然遗产的协定、建议书和决议需要有非物质文化遗产方面的新规定有效地予以充实和补充，

考虑到必须提高人们，尤其是年轻一代对非物质文化遗产及其保护的重要意义的认识，

考虑到国际社会应当本着互助合作的精神与本公约缔约国一起为保护此类遗产做出贡献，

忆及教科文组织有关非物质文化遗产的各项计划，尤其是“宣布人类口头遗产和非物质遗产代表作”计划，认为非物质文化遗产是密切人与人之间的关系以及他们之间进行交流和了解的要素，它的作用是不可估量的，

于2003年10月17日通过本公约。

第一章　总　　则

第一条：本公约的宗旨

本公约的宗旨如下：

(a)保护非物质文化遗产；

(b)尊重有关社区、群体和个人的非物质文化遗产；

(c)在地方、国家和国际一级提高对非物质文化遗产及其相互欣赏的重要性的意识；

(d)开展国际合作及提供国际援助。

第二条：定义

在本公约中：

1.“非物质文化遗产”，指被各社区、群体，有时是个人，视为其文化遗产组成部分的各种社会实践、观念表述、表现形式、知识、技能以及相关的工具、实物、手工艺品和文化场所。这种非物质文化遗产世代相传，在各社区和群体适应周围环境以及与自然和历史的互动中，被不断地再创造，为这些社区和群体提供认同感和持续感，从而增强对文化多样性和人类创造力的尊重。在本公约中，只考虑符合现有的国际人权文件，各社区、群体和个人之间相互尊重的需要和顺应可持续发展的非物质文化遗产。

2. 按上述第 1 款的定义，“非物质文化遗产”包括以下方面：

(a)口头传统和表现形式，包括作为非物质文化遗产媒介的语言；

(b)表演艺术；

(c)社会实践、仪式、节庆活动；

(d)有关自然界和宇宙的知识和实践；

(e)传统手工艺。

3.“保护”指确保非物质文化遗产生命力的各种措施，包括这种遗产各个方面的确认、立档、研究、保存、保护、宣传、弘扬、传承(特别是通过正规和非正规教育)和振兴。

4.“缔约国”指受本公约约束且本公约在它们之间也通用的国家。

5. 本公约经必要修改对根据第三十三条所述之条件成为其缔约方之领土也适用。在此意义上，“缔约国”亦指这些领土。

第三条：与其他国际文书的关系

本公约的任何条款均不得解释为：

(a)改变与任一非物质文化遗产直接相关的世界遗产根据

1972年《保护世界文化和自然遗产公约》所享有的地位,或降低其受保护的程度;

(b)影响缔约国从其作为缔约方的任何有关知识产权或使用生物和生态资源的国际文书所获得的权利和所负有的义务。

第二章　公约的有关机关

第四条:缔约国大会

1. 兹建立缔约国大会,以下简称“大会”。大会为本公约的最高权力机关。

2. 大会每两年举行一次常会。如若它作出此类决定或政府间保护非物质文化遗产委员会或至少三分之一的缔约国提出要求,可举行特别会议。

3. 大会应通过自己的议事规则。

第五条:政府间保护非物质文化遗产委员会

1. 兹在教科文组织内设立政府间保护非物质文化遗产委员会,以下简称“委员会”。在本公约依照第三十四条的规定生效之后,委员会由参加大会之缔约国选出的18个缔约国的代表组成。

2. 在本公约缔约国的数目达到50个之后,委员会委员国的数目将增至24个。

第六条:委员会委员国的选举和任期

1. 委员会委员国的选举应符合公平的地理分配和轮换原则。

2. 委员会委员国由本公约缔约国大会选出,任期四年。

3. 但第一次选举当选的半数委员会委员国的任期为两年。这些国家在第一次选举后抽签指定。

4. 大会每两年对半数委员会委员国进行换届。

5. 大会还应选出填补空缺席位所需的委员会委员国。

6. 委员会委员国不得连选连任两届。

7. 委员会委员国应选派在非物质文化遗产各领域有造诣的人士为其代表。

第七条：委员会的职能

在不妨碍本公约赋予委员会的其他职权的情况下，其职能如下：

(a)宣传公约的目标，鼓励并监督其实施情况；

(b)就好的做法和保护非物质文化遗产的措施提出建议；

(c)按照第二十五条的规定，拟订利用基金资金的计划并提交大会批准；

(d)按照第二十五条的规定，努力寻求增加其资金的方式方法，并为此采取必要的措施；

(e)拟订实施公约的业务指南并提交大会批准；

(f)根据第二十九条的规定，审议缔约国的报告并将报告综述提交大会；

(g)根据委员会制定的、大会批准的客观遴选标准，审议缔约国提出的申请并就以下事项作出决定：

(i)列入第十六条、第十七条和第十八条述及的名录和提名；

(ii)按照第二十二条的规定提供国际援助。

第八条：委员会的工作方法

1. 委员会对大会负责。它向大会报告自己的所有活动和决定。

2. 委员会以其委员的三分之二多数通过自己的议事规则。

3. 委员会可设立其认为执行任务所需的临时特设咨询机构。

4. 委员会可邀请在非物质文化遗产各领域确有专长的任何公营或私营机构以及任何自然人参加会议，就任何具体的问题向其请教。

第九条：咨询组织的认证

1. 委员会应建议大会认证在非物质文化遗产领域确有专长的非政府组织具有向委员会提供咨询意见的能力。

2. 委员会还应向大会就此认证的标准和方式提出建议。

第十条：秘书处

1. 委员会由教科文组织秘书处协助。

2. 秘书处起草大会和委员会文件及其会议的议程草案和确保其决定的执行。

第三章　在国家一级保护非物质文化遗产

第十一条：缔约国的作用

各缔约国应该：

(a)采取必要措施确保其领土上的非物质文化遗产受到保护；

(b)在第二条第3款提及的保护措施内，由各社区、群体和有关非政府组织参与，确认和确定其领土上的各种非物质文化遗产。

第十二条：清单

1. 为了使其领土上的非物质文化遗产得到确认以便加以保护，各缔约国应根据自己的国情拟订一份或数份关于这类遗产的清单，并应定期加以更新。

2. 各缔约国在按第二十九条的规定定期向委员会提交报告时，应提供有关这些清单的情况。

第十三条：其他保护措施

为了确保其领土上的非物质文化遗产得到保护、弘扬和展示，各缔约国应努力做到：

(a)制定一项总的政策，使非物质文化遗产在社会中发挥应有的作用，并将这种遗产的保护纳入规划工作；

（b）指定或建立一个或数个主管保护其领土上的非物质文化遗产的机构；

（c）鼓励开展有效保护非物质文化遗产，特别是濒危非物质文化遗产的科学、技术和艺术研究以及方法研究；

（d）采取适当的法律、技术、行政和财政措施，以便：

（i）促进建立或加强培训管理非物质文化遗产的机构以及通过为这种遗产提供活动和表现的场所和空间，促进这种遗产的传承；

（ii）确保对非物质文化遗产的享用，同时对享用这种遗产的特殊方面的习俗做法予以尊重；

（iii）建立非物质文化遗产文献机构并创造条件促进对它的利用。

第十四条：教育、宣传和能力培养

各缔约国应竭力采取种种必要的手段，以便：

（a）使非物质文化遗产在社会中得到确认、尊重和弘扬，主要通过：

（i）向公众，尤其是向青年进行宣传和传播信息的教育计划；

（ii）有关社区和群体的具体的教育和培训计划；

（iii）保护非物质文化遗产，尤其是管理和科研方面的能力培养活动；

（iv）非正规的知识传播手段。

（b）不断向公众宣传对这种遗产造成的威胁以及根据本公约所开展的活动；

（c）促进保护表现非物质文化遗产所需的自然场所和纪念地点的教育。

第十五条:社区、群体和个人的参与

缔约国在开展保护非物质文化遗产活动时,应努力确保创造、延续和传承这种遗产的社区、群体,有时是个人的最大限度地参与,并吸收他们积极地参与有关的管理。

第四章　在国际一级保护非物质文化遗产

第十六条:人类非物质文化遗产代表作名录

1. 为了扩大非物质文化遗产的影响,提高对其重要意义的认识和从尊重文化多样性的角度促进对话,委员会应该根据有关缔约国的提名编辑、更新和公布人类非物质文化遗产代表作名录。

2. 委员会拟订有关编辑、更新和公布此代表作名录的标准并提交大会批准。

第十七条:急需保护的非物质文化遗产名录

1. 为了采取适当的保护措施,委员会编辑、更新和公布急需保护的非物质文化遗产名录,并根据有关缔约国的要求将此类遗产列入该名录。

2. 委员会拟订有关编辑、更新和公布此名录的标准并提交大会批准。

3. 委员会在极其紧急的情况(其具体标准由大会根据委员会的建议加以批准)下,可与有关缔约国协商将有关的遗产列入第1款所提之名录。

第十八条:保护非物质文化遗产的计划、项目和活动

1. 在缔约国提名的基础上,委员会根据其制定的、大会批准的标准,兼顾发展中国家的特殊需要,定期遴选并宣传其认为最能体现本公约原则和目标的国家、分地区或地区保护非物质文化遗产的计划、项目和活动。

2.为此,委员会接受、审议和批准缔约国提交的关于要求国际援助拟订此类提名的申请。

3.委员会按照它确定的方式,配合这些计划、项目和活动的实施,随时推广有关经验。

第五章 国际合作与援助

第十九条:合作

1.在本公约中,国际合作主要是交流信息和经验,采取共同的行动,以及建立援助缔约国保护非物质文化遗产工作的机制。

2.在不违背国家法律规定及其习惯法和习俗的情况下,缔约国承认保护非物质文化遗产符合人类的整体利益,保证为此目的在双边、分地区、地区和国际各级开展合作。

第二十条:国际援助的目的

可为如下目的提供国际援助:

(a)保护列入《急需保护的非物质文化遗产名录》的遗产;

(b)按照第十一条和第十二条的精神编制清单;

(c)支持在国家、分地区和地区开展的保护非物质文化遗产的计划、项目和活动;

(d)委员会认为必要的其他一切目的。

第二十一条:国际援助的形式

第七条的业务指南和第二十四条所指的协定对委员会向缔约国提供援助作了规定,可采取的形式如下:

(a)对保护这种遗产的各个方面进行研究;

(b)提供专家和专业人员;

(c)培训各类所需人员;

(d)制订准则性措施或其他措施;

(e)基础设施的建立和营运；

(f)提供设备和技能；

(g)其他财政和技术援助形式，包括在必要时提供低息贷款和捐助。

第二十二条：国际援助的条件

1. 委员会确定审议国际援助申请的程序和具体规定申请的内容，包括打算采取的措施、必需开展的工作及预计的费用。

2. 如遇紧急情况，委员会应对有关援助申请优先审议。

3. 委员会在作出决定之前，应进行其认为必要的研究和咨询。

第二十三条：国际援助的申请

1. 各缔约国可向委员会递交国际援助的申请，保护在其领土上的非物质文化遗产。

2. 此类申请亦可由两个或数个缔约国共同提出。

3. 申请应包含第二十二条第 1 款规定的所有资料和所有必要的文件。

第二十四条：受援缔约国的任务

1. 根据本公约的规定，国际援助应依据受援缔约国与委员会之间签署的协定来提供。

2. 受援缔约国通常应在自己力所能及的范围内分担国际所援助的保护措施的费用。

3. 受援缔约国应向委员会报告关于使用所提供的保护非物质文化遗产援助的情况。

第六章　非物质文化遗产基金

第二十五条：基金的性质和资金来源

1. 兹建立一项“保护非物质文化遗产基金”，下称“基金”。

2. 根据教科文组织《财务条例》的规定，此项基金为信托基金。

3. 基金的资金来源包括：

(a) 缔约国的纳款。

(b) 教科文组织大会为此所拨的资金。

(c) 以下各方可能提供的捐款、赠款或遗赠：

(i) 其他国家；

(ii) 联合国系统各组织和各署（特别是联合国开发计划署）以及其他国际组织；

(iii) 公营或私营机构和个人。

(d) 基金的资金所得的利息。

(e) 为本基金募集的资金和开展活动之所得。

(f) 委员会制定的基金条例所许可的所有其他资金。

4. 委员会对资金的使用视大会的方针来决定。

5. 委员会可接受用于某些项目的一般或特定目的的捐款及其他形式的援助，只要这些项目已获委员会的批准。

6. 对基金的捐款不得附带任何与本公约所追求之目标不相符的政治、经济或其他条件。

第二十六条：缔约国对基金的纳款

1. 在不妨碍任何自愿补充捐款的情况下，本公约缔约国至少每两年向基金纳一次款，其金额由大会根据适用于所有国家的统一的纳款额百分比加以确定。缔约国大会关于此问题的决定由出席会议并参加表决，但未作本条第 2 款中所述声明的缔约国的多数通过。在任何情况下，此纳款都不得超过缔约国对教科文组织正常预算纳款的百分之一。

2. 但是，本公约第三十二条或第三十三条中所指的任何国家均可在交存批准书、接受书、核准书或加入书时声明不受本条第 1

款规定的约束。

3. 已作本条第 2 款所述声明的本公约缔约国应努力通知联合国教科文组织总干事收回所作声明。但是,收回声明之举不得影响该国在紧接着的下一届大会开幕之日前应缴的纳款。

4. 为使委员会能够有效地规划其工作,已作本条第 2 款所述声明的本公约缔约国至少应每两年定期纳一次款,纳款额应尽可能接近它们按本条第 1 款规定应交的数额。

5. 凡拖欠当年和前一日历年的义务纳款或自愿捐款的本公约缔约国不能当选为委员会委员,但此项规定不适用于第一次选举。已当选为委员会委员的缔约国的任期应在本公约第六条规定的选举之时终止。

第二十七条:基金的自愿补充捐款

除了第二十六条所规定的纳款,希望提供自愿捐款的缔约国应及时通知委员会以使其能对相应的活动作出规划。

第二十八条:国际筹资运动

缔约国应尽力支持在教科文组织领导下为该基金发起的国际筹资运动。

第七章　报　　告

第二十九条:缔约国的报告

缔约国应按照委员会确定的方式和周期向其报告它们为实施本公约而通过的法律、规章条例或采取的其他措施的情况。

第三十条:委员会的报告

1. 委员会应在其开展的活动和第二十九条提及的缔约国报告的基础上,向每届大会提交报告。

2. 该报告应提交教科文组织大会。

第八章　过渡条款

第三十一条：与宣布人类口头和非物质遗产代表作的关系

1. 委员会应把在本公约生效前宣布为“人类口头和非物质遗产代表作”的遗产纳入人类非物质文化遗产代表作名录。

2. 把这些遗产纳入人类非物质文化遗产代表作名录绝不是预设按第十六条第2款将确定的今后列入遗产的标准。

3. 在本公约生效后，将不再宣布其他任何人类口头和非物质遗产代表作。

第九章　最后条款

第三十二条：批准、接受或核准

1. 本公约须由教科文组织会员国根据各自的宪法程序予以批准、接受或核准。

2. 批准书、接受书或核准书应交存教科文组织总干事。

第三十三条：加入

1. 所有非教科文组织会员国的国家，经本组织大会邀请，均可加入本公约。

2. 没有完全独立，但根据联合国大会第1514(XV)号决议被联合国承认为充分享有内部自治，并且有权处理本公约范围内的事宜，包括有权就这些事宜签署协议的地区也可加入本公约。

3. 加入书应交存教科文组织总干事。

第三十四条：生效

本公约在第三十份批准书、接受书、核准书或加入书交存之日起的三个月后生效，但只涉及在该日或该日之前交存批准书、接受书、核准书或加入书的国家。对其他缔约国来说，本公约则在这些国家的批准书、接受书、核准书或加入书交存之日起的三个月之后生效。

第三十五条:联邦制或非统一立宪制

对实行联邦制或非统一立宪制的缔约国实行下述规定:

(a)在联邦或中央立法机构的法律管辖下实施本公约各项条款的国家的联邦或中央政府的义务与非联邦国家的缔约国的义务相同;

(b)在构成联邦,但按照联邦立宪制无须采取立法手段的各个州、成员国、省或行政区的法律管辖下实施本公约的各项条款时,联邦政府应将这些条款连同其建议一并通知各个州、成员国、省或行政区的主管当局。

第三十六条:退出

1. 各缔约国均可宣布退出本公约。

2. 退约应以书面退约书的形式通知教科文组织总干事。

3. 退约在接到退约书十二个月之后生效。在退约生效日之前不得影响退约国承担的财政义务。

第三十七条:保管人的职责

教科文组织总干事作为本公约的保管人,应将第三十二条和第三十三条规定交存的所有批准书、接受书、核准书或加入书和第三十六条规定的退约书的情况通告本组织各会员国、第三十三条提到的非本组织会员国的国家和联合国。

第三十八条:修订

1. 任何缔约国均可书面通知总干事,对本公约提出修订建议。总干事应将此通知转发给所有缔约国。如在通知发出之日起六个月之内,至少有一半的缔约国回复赞成此要求,总干事应将此建议提交下一届大会讨论,决定是否通过。

2. 对本公约的修订须经出席并参加表决的缔约国三分之二多数票通过。

3. 对本公约的修订一旦通过,应提交缔约国批准、接受、核准或加入。

4. 对于那些已批准、接受、核准或加入修订的缔约国来说,本公约的修订在三分之二的缔约国交存本条第 3 款所提及的文书之日起三个月之后生效。此后,对任何批准、接受、核准或加入修订的缔约国来说,在其交存批准书、接受书、核准书或加入书之日起三个月之后,本公约的修订即生效。

5. 第 3 款和第 4 款所确定的程序对有关委员会委员国数目的第五条的修订不适用。

此类修订一经通过即生效。

6. 在修订依照本条第四款的规定生效之后成为本公约缔约国的国家如无表示异议,应:

(a)被视为修订的本公约的缔约方;

(b)但在与不受这些修订约束的任何缔约国的关系中,仍被视为未经修订之公约的缔约方。

第三十九条:有效文本

本公约用英文、阿拉伯文、中文、西班牙文、法文和俄文拟定,六种文本具有同等效力。

第四十条:登记

根据《联合国宪章》第一百零二条的规定,本公约应按教科文组织总干事的要求交联合国秘书处登记。

3. 中华人民共和国非物质文化遗产法

（中华人民共和国第十一届全国人民代表大会常务委员会第十九次会议通过　中华人民共和国主席令第四十二号　2011年2月25日公布　2011年6月1日起施行）

第一章　总　　则

第一条　为了继承和弘扬中华民族优秀传统文化，促进社会主义精神文明建设，加强非物质文化遗产保护、保存工作，制定本法。

第二条　本法所称非物质文化遗产，是指各族人民世代相传并视为其文化遗产组成部分的各种传统文化表现形式，以及与传统文化表现形式相关的实物和场所。包括：

（一）传统口头文学以及作为其载体的语言；

（二）传统美术、书法、音乐、舞蹈、戏剧、曲艺和杂技；

（三）传统技艺、医药和历法；

（四）传统礼仪、节庆等民俗；

（五）传统体育和游艺；

（六）其他非物质文化遗产。

属于非物质文化遗产组成部分的实物和场所，凡属文物的，适用《中华人民共和国文物保护法》的有关规定。

第三条　国家对非物质文化遗产采取认定、记录、建档等措施予以保存，对体现中华民族优秀传统文化，具有历史、文学、艺术、科学价值的非物质文化遗产采取传承、传播等措施予以保护。

第四条　保护非物质文化遗产，应当注重其真实性、整体性和传承性，有利于增强中华民族的文化认同，有利于维护国家统一和民族团结，有利于促进社会和谐和可持续发展。

第五条 使用非物质文化遗产，应当尊重其形式和内涵。

禁止以歪曲、贬损等方式使用非物质文化遗产。

第六条 县级以上人民政府应当将非物质文化遗产保护、保存工作纳入本级国民经济和社会发展规划，并将保护、保存经费列入本级财政预算。

国家扶持民族地区、边远地区、贫困地区的非物质文化遗产保护、保存工作。

第七条 国务院文化主管部门负责全国非物质文化遗产的保护、保存工作；县级以上地方人民政府文化主管部门负责本行政区域内非物质文化遗产的保护、保存工作。

县级以上人民政府其他有关部门在各自职责范围内，负责有关非物质文化遗产的保护、保存工作。

第八条 县级以上人民政府应当加强对非物质文化遗产保护工作的宣传，提高全社会保护非物质文化遗产的意识。

第九条 国家鼓励和支持公民、法人和其他组织参与非物质文化遗产保护工作。

第十条 对在非物质文化遗产保护工作中做出显著贡献的组织和个人，按照国家有关规定予以表彰、奖励。

第二章 非物质文化遗产的调查

第十一条 县级以上人民政府根据非物质文化遗产保护、保存工作需要，组织非物质文化遗产调查。非物质文化遗产调查由文化主管部门负责进行。

县级以上人民政府其他有关部门可以对其工作领域内的非物质文化遗产进行调查。

第十二条 文化主管部门和其他有关部门进行非物质文化遗产调查,应当对非物质文化遗产予以认定、记录、建档,建立健全调查信息共享机制。

文化主管部门和其他有关部门进行非物质文化遗产调查,应当收集属于非物质文化遗产组成部分的代表性实物,整理调查工作中取得的资料,并妥善保存,防止损毁、流失。其他有关部门取得的实物图片、资料复制件,应当汇交给同级文化主管部门。

第十三条 文化主管部门应当全面了解非物质文化遗产有关情况,建立非物质文化遗产档案及相关数据库。除依法应当保密的外,非物质文化遗产档案及相关数据信息应当公开,便于公众查阅。

第十四条 公民、法人和其他组织可以依法进行非物质文化遗产调查。

第十五条 境外组织或者个人在中华人民共和国境内进行非物质文化遗产调查,应当报经省、自治区、直辖市人民政府文化主管部门批准;调查在两个以上省、自治区、直辖市行政区域进行的,应当报经国务院文化主管部门批准;调查结束后,应当向批准调查的文化主管部门提交调查报告和调查中取得的实物图片、资料复制件。

境外组织在中华人民共和国境内进行非物质文化遗产调查,应当与境内非物质文化遗产学术研究机构合作进行。

第十六条 进行非物质文化遗产调查,应当征得调查对象的同意,尊重其风俗习惯,不得损害其合法权益。

第十七条 对通过调查或者其他途径发现的濒临消失的非物质文化遗产项目,县级人民政府文化主管部门应当立即予以记录并收集有关实物,或者采取其他抢救性保存措施;对需要传承的,应当采取有效措施支持传承。

第三章　非物质文化遗产代表性项目名录

第十八条　国务院建立国家级非物质文化遗产代表性项目名录，将体现中华民族优秀传统文化，具有重大历史、文学、艺术、科学价值的非物质文化遗产项目列入名录予以保护。

省、自治区、直辖市人民政府建立地方非物质文化遗产代表性项目名录，将本行政区域内体现中华民族优秀传统文化，具有历史、文学、艺术、科学价值的非物质文化遗产项目列入名录予以保护。

第十九条　省、自治区、直辖市人民政府可以从本省、自治区、直辖市非物质文化遗产代表性项目名录中向国务院文化主管部门推荐列入国家级非物质文化遗产代表性项目名录的项目。推荐时应当提交下列材料：

（一）项目介绍，包括项目的名称、历史、现状和价值；

（二）传承情况介绍，包括传承范围、传承谱系、传承人的技艺水平、传承活动的社会影响；

（三）保护要求，包括保护应当达到的目标和应当采取的措施、步骤、管理制度；

（四）有助于说明项目的视听资料等材料。

第二十条　公民、法人和其他组织认为某项非物质文化遗产体现中华民族优秀传统文化，具有重大历史、文学、艺术、科学价值的，可以向省、自治区、直辖市人民政府或者国务院文化主管部门提出列入国家级非物质文化遗产代表性项目名录的建议。

第二十一条　相同的非物质文化遗产项目，其形式和内涵在两个以上地区均保持完整的，可以同时列入国家级非物质文化遗产产代表性项目名录。

第二十二条 国务院文化主管部门应当组织专家评审小组和专家评审委员会，对推荐或者建议列入国家级非物质文化遗产代表性项目名录的非物质文化遗产项目进行初评和审议。

初评意见应当经专家评审小组成员过半数通过。专家评审委员会对初评意见进行审议，提出审议意见。

评审工作应当遵循公开、公平、公正的原则。

第二十三条 国务院文化主管部门应当将拟列入国家级非物质文化遗产代表性项目名录的项目予以公示，征求公众意见。公示时间不得少于二十日。

第二十四条 国务院文化主管部门根据专家评审委员会的审议意见和公示结果，拟订国家级非物质文化遗产代表性项目名录，报国务院批准、公布。

第二十五条 国务院文化主管部门应当组织制定保护规划，对国家级非物质文化遗产代表性项目予以保护。

省、自治区、直辖市人民政府文化主管部门应当组织制定保护规划，对本级人民政府批准公布的地方非物质文化遗产代表性项目予以保护。

制定非物质文化遗产代表性项目保护规划，应当对濒临消失的非物质文化遗产代表性项目予以重点保护。

第二十六条 对非物质文化遗产代表性项目集中、特色鲜明、形式和内涵保持完整的特定区域，当地文化主管部门可以制定专项保护规划，报经本级人民政府批准后，实行区域性整体保护。确定对非物质文化遗产实行区域性整体保护，应当尊重当地居民的意愿，并保护属于非物质文化遗产组成部分的实物和场所，避免遭受破坏。

实行区域性整体保护涉及非物质文化遗产集中地村镇或者街区空间规划的，应当由当地城乡规划主管部门依据相关法规制定专项保护规划。

第二十七条　国务院文化主管部门和省、自治区、直辖市人民政府文化主管部门应当对非物质文化遗产代表性项目保护规划的实施情况进行监督检查；发现保护规划未能有效实施的，应当及时纠正、处理。

第四章　非物质文化遗产的传承与传播

第二十八条　国家鼓励和支持开展非物质文化遗产代表性项目的传承、传播。

第二十九条　国务院文化主管部门和省、自治区、直辖市人民政府文化主管部门对本级人民政府批准公布的非物质文化遗产代表性项目，可以认定代表性传承人。

非物质文化遗产代表性项目的代表性传承人应当符合下列条件：

（一）熟练掌握其传承的非物质文化遗产；

（二）在特定领域内具有代表性，并在一定区域内具有较大影响；

（三）积极开展传承活动。

认定非物质文化遗产代表性项目的代表性传承人，应当参照执行本法有关非物质文化遗产代表性项目评审的规定，并将所认定的代表性传承人名单予以公布。

第三十条　县级以上人民政府文化主管部门根据需要，采取下列措施，支持非物质文化遗产代表性项目的代表性传承人开展传承、传播活动：

(一)提供必要的传承场所;

(二)提供必要的经费资助其开展授徒、传艺、交流等活动;

(三)支持其参与社会公益性活动;

(四)支持其开展传承、传播活动的其他措施。

第三十一条 非物质文化遗产代表性项目的代表性传承人应当履行下列义务:

(一)开展传承活动,培养后继人才;

(二)妥善保存相关的实物、资料;

(三)配合文化主管部门和其他有关部门进行非物质文化遗产调查;

(四)参与非物质文化遗产公益性宣传。

非物质文化遗产代表性项目的代表性传承人无正当理由不履行前款规定义务的,文化主管部门可以取消其代表性传承人资格,重新认定该项目的代表性传承人;丧失传承能力的,文化主管部门可以重新认定该项目的代表性传承人。

第三十二条 县级以上人民政府应当结合实际情况,采取有效措施,组织文化主管部门和其他有关部门宣传、展示非物质文化遗产代表性项目。

第三十三条 国家鼓励开展与非物质文化遗产有关的科学技术研究和非物质文化遗产保护、保存方法研究,鼓励开展非物质文化遗产的记录和非物质文化遗产代表性项目的整理、出版等活动。

第三十四条 学校应当按照国务院教育主管部门的规定,开展相关的非物质文化遗产教育。

新闻媒体应当开展非物质文化遗产代表性项目的宣传,普及非物质文化遗产知识。

第三十五条 图书馆、文化馆、博物馆、科技馆等公共文化机构和非物质文化遗产学术研究机构、保护机构以及利用财政性资金举办的文艺表演团体、演出场所经营单位等，应当根据各自业务范围，开展非物质文化遗产的整理、研究、学术交流和非物质文化遗产代表性项目的宣传、展示。

第三十六条 国家鼓励和支持公民、法人和其他组织依法设立非物质文化遗产展示场所和传承场所，展示和传承非物质文化遗产代表性项目。

第三十七条 国家鼓励和支持发挥非物质文化遗产资源的特殊优势，在有效保护的基础上，合理利用非物质文化遗产代表性项目开发具有地方、民族特色和市场潜力的文化产品和文化服务。

开发利用非物质文化遗产代表性项目的，应当支持代表性传承人开展传承活动，保护属于该项目组成部分的实物和场所。

县级以上地方人民政府应当对合理利用非物质文化遗产代表性项目的单位予以扶持。单位合理利用非物质文化遗产代表性项目的，依法享受国家规定的税收优惠。

第五章 法律责任

第三十八条 文化主管部门和其他有关部门的工作人员在非物质文化遗产保护、保存工作中玩忽职守、滥用职权、徇私舞弊的，依法给予处分。

第三十九条 文化主管部门和其他有关部门的工作人员进行非物质文化遗产调查时侵犯调查对象风俗习惯，造成严重后果的，依法给予处分。

第四十条 违反本法规定，破坏属于非物质文化遗产组成部分的实物和场所的，依法承担民事责任；构成违反治安管理行为的，依法给予治安管理处罚。

第四十一条 境外组织违反本法第十五条规定的，由文化主管部门责令改正，给予警告，没收违法所得及调查中取得的实物、资料；情节严重的，并处十万元以上五十万元以下的罚款。

境外个人违反本法第十五条第一款规定的，由文化主管部门责令改正，给予警告，没收违法所得及调查中取得的实物、资料；情节严重的，并处一万元以上五万元以下的罚款。

第四十二条 违反本法规定，构成犯罪的，依法追究刑事责任。

第六章 附 则

第四十三条 建立地方非物质文化遗产代表性项目名录的办法，由省、自治区、直辖市参照本法有关规定制定。

第四十四条 使用非物质文化遗产涉及知识产权的，适用有关法律、行政法规的规定。

对传统医药、传统工艺美术等的保护，其他法律、行政法规另有规定的，依照其规定。

第四十五条 本法自 2011 年 6 月 1 日起施行。

4. 国家级非物质文化遗产保护与管理暂行办法

（2006 年 10 月 25 日文化部部务会议审议通过 中华人民共和国文化部令第 39 号 2006 年 11 月 2 日发布 2006 年 12 月 1 日起施行）

第一条 为有效保护和传承国家级非物质文化遗产，加强保护工作的管理，特制定本办法。

第二条 本办法所称“国家级非物质文化遗产”是指列入国务院批准公布的国家级非物质文化遗产名录中的所有非物质文化遗

产项目。

第三条　国家级非物质文化遗产的保护，实行"保护为主、抢救第一、合理利用、传承发展"的方针，坚持真实性和整体性的保护原则。

第四条　国务院文化行政部门负责组织、协调和监督全国范围内国家级非物质文化遗产的保护工作。

省级人民政府文化行政部门负责组织、协调和监督本行政区域内国家级非物质文化遗产的保护工作。

国家级非物质文化遗产项目所在地人民政府文化行政部门，负责组织、监督该项目的具体保护工作。

第五条　国务院文化行政部门组织制定国家级非物质文化遗产保护整体规划，并定期对规划的实施情况进行检查。

省级人民政府文化行政部门组织制定本行政区域内国家级非物质文化遗产项目的保护规划，经国务院文化行政部门批准后组织实施，并于每年十一月底前向国务院文化行政部门提交保护规划本年度实施情况和下一年度保护工作计划。

第六条　国家级非物质文化遗产项目应当确定保护单位，具体承担该项目的保护与传承工作。保护单位的推荐名单由该项目的申报地区或者单位提出，经省级人民政府文化行政部门组织专家审议后，报国务院文化行政部门认定。

第七条　国家级非物质文化遗产项目保护单位应具备以下基本条件：

（一）有该项目代表性传承人或者相对完整的资料；

（二）有实施该项目保护计划的能力；

（三）有开展传承、展示活动的场所和条件。

第八条　国家级非物质文化遗产项目保护单位应当履行以下

职责：

（一）全面收集该项目的实物、资料，并登记、整理、建档；

（二）为该项目的传承及相关活动提供必要条件；

（三）有效保护该项目相关的文化场所；

（四）积极开展该项目的展示活动；

（五）向负责该项目具体保护工作的当地人民政府文化行政部门报告项目保护实施情况，并接受监督。

第九条 国务院文化行政部门统一制作国家级非物质文化遗产项目标牌，由省级人民政府文化行政部门交该项目保护单位悬挂和保存。

第十条 国务院文化行政部门对国家级非物质文化遗产项目保护给予必要的经费资助。

县级以上人民政府文化行政部门应当积极争取当地政府的财政支持，对在本行政区域内的国家级非物质文化遗产项目的保护给予资助。

第十一条 国家级非物质文化遗产项目保护单位根据自愿原则，提出该项目代表性传承人的推荐名单，经省级人民政府文化行政部门组织专家评议后，报国务院文化行政部门批准。

第十二条 国家级非物质文化遗产项目代表性传承人应当符合以下条件：

（一）完整掌握该项目或者其特殊技能；

（二）具有该项目公认的代表性、权威性与影响力；

（三）积极开展传承活动，培养后继人才。

第十三条 国家级非物质文化遗产项目代表性传承人应当履行传承义务；丧失传承能力、无法履行传承义务的，应当按照程序另行认定该项目代表性传承人；怠于履行传承义务的，取消其代表性传承人的资格。

第十四条 国务院文化行政部门组织建立国家级非物质文化遗产数据库。有条件的地方,应建立国家级非物质文化遗产博物馆或者展示场所。

第十五条 国务院文化行政部门组织制定国家级非物质文化遗产实物资料等级标准和出入境标准。其中经文物部门认定为文物的,适用文物保护法律法规的有关规定。

第十六条 国家级非物质文化遗产项目保护单位和相关实物资料的保护机构应当建立健全规章制度,妥善保管实物资料,防止损毁和流失。

第十七条 县级以上人民政府文化行政部门应当鼓励、支持通过节日活动、展览、培训、教育、大众传媒等手段,宣传、普及国家级非物质文化遗产知识,促进其传承和社会共享。

第十八条 省级人民政府文化行政部门应当对国家级非物质文化遗产项目所依存的文化场所划定保护范围,制作标识说明,进行整体性保护,并报国务院文化行政部门备案。

第十九条 省级人民政府文化行政部门可以选择本行政区域内的国家级非物质文化遗产项目,为申报联合国教科文组织"人类非物质文化遗产代表作",向国务院文化行政部门提出申请。

第二十条 国家级非物质文化遗产项目的名称和保护单位不得擅自变更;未经国务院文化行政部门批准,不得对国家级非物质文化遗产项目标牌进行复制或者转让。

国家级非物质文化遗产项目域名和商标的注册与保护,依据相关法律法规执行。

第二十一条 利用国家级非物质文化遗产项目进行艺术创作、产品开发、旅游活动等,应当尊重其原真形式和文化内涵,防止歪曲与滥用。

第二十二条 国家级非物质文化遗产项目含有国家秘密的，应当按照国家保密法律法规的规定确定密级，予以保护；含有商业秘密的，按照国家有关法律法规执行。

第二十三条 各级人民政府文化行政部门应当鼓励和支持企事业单位、社会团体和个人捐赠国家级非物质文化遗产实物资料或者捐赠资金和实物，用于国家级非物质文化遗产保护。

第二十四条 国务院文化行政部门对在国家级非物质文化遗产保护工作中有突出贡献的单位和个人，给予表彰奖励。

第二十五条 国务院文化行政部门定期组织对国家级非物质文化遗产项目保护情况的检查。

国家级非物质文化遗产项目保护单位有下列行为之一的，由县级以上人民政府文化行政部门责令改正，并视情节轻重予以警告、严重警告，直至解除其保护单位资格：

（一）擅自复制或者转让标牌的；

（二）侵占国家级非物质文化遗产珍贵实物资料的；

（三）怠于履行保护职责的。

第二十六条 有下列行为之一的，对负有责任的主管人员和其他直接责任人员依法给予行政处分；构成犯罪的，依法追究刑事责任：

（一）擅自变更国家级非物质文化遗产项目名称或者保护单位的；

（二）玩忽职守，致使国家级非物质文化遗产所依存的文化场所及其环境造成破坏的；

（三）贪污、挪用国家级非物质文化遗产项目保护经费的。

第二十七条 本办法由国务院文化行政部门负责解释。

第二十八条 本办法自2006年12月1日起施行。

5.国家级非物质文化遗产代表性传承人认定与管理办法

（2019年11月12日文化和旅游部部务会议审议通过 中华人民共和国文化和旅游部令第3号 2019年11月29日发布 2020年3月1日起施行）

第一条 为传承弘扬中华优秀传统文化，有效保护和传承非物质文化遗产，鼓励和支持国家级非物质文化遗产代表性传承人开展传承活动，根据《中华人民共和国非物质文化遗产法》等有关法律法规，制定本办法。

第二条 本办法所称国家级非物质文化遗产代表性传承人，是指承担国家级非物质文化遗产代表性项目传承责任，在特定领域内具有代表性，并在一定区域内具有较大影响，经文化和旅游部认定的传承人。

第三条 国家级非物质文化遗产代表性传承人的认定与管理应当以习近平新时代中国特色社会主义思想为指导，坚持以人民为中心，弘扬社会主义核心价值观，保护传承非物质文化遗产，推动中华优秀传统文化创造性转化、创新性发展。

第四条 国家级非物质文化遗产代表性传承人的认定与管理应当立足于完善非物质文化遗产传承体系，增强非物质文化遗产的存续力，尊重传承人的主体地位和权利，注重社区和群体的认同感。

第五条 国家级非物质文化遗产代表性传承人应当锤炼忠诚、执着、朴实的品格，增强使命和担当意识，提高传承实践能力，在开展传承、传播等活动时遵守宪法和法律法规，遵守社会公德，坚持正确的历史观、国家观、民族观、文化观，铸牢中华民族共同体意识，不得以歪曲、贬损等方式使用非物质文化遗产。

第六条 文化和旅游部一般每五年开展一批国家级非物质文化遗产代表性传承人认定工作。

第七条 认定国家级非物质文化遗产代表性传承人，应当坚持公开、公平、公正的原则，严格履行申报、审核、评审、公示、审定、公布等程序。

第八条 符合下列条件的中国公民可以申请或者被推荐为国家级非物质文化遗产代表性传承人：

（一）长期从事该项非物质文化遗产传承实践，熟练掌握其传承的国家级非物质文化遗产代表性项目知识和核心技艺；

（二）在特定领域内具有代表性，并在一定区域内具有较大影响；

（三）在该项非物质文化遗产的传承中具有重要作用，积极开展传承活动，培养后继人才；

（四）爱国敬业，遵纪守法，德艺双馨。

从事非物质文化遗产资料收集、整理和研究的人员不得认定为国家级非物质文化遗产代表性传承人。

第九条 公民提出国家级非物质文化遗产代表性传承人申请的，应当向国家级非物质文化遗产代表性项目所在地文化和旅游主管部门如实提交下列材料：

（一）申请人姓名、民族、从业时间、被认定为地方非物质文化遗产代表性传承人时间等基本情况；

（二）申请人的传承谱系或师承脉络、学习与实践经历；

（三）申请人所掌握的非物质文化遗产知识和核心技艺、成就及相关的证明材料；

（四）申请人授徒传艺、参与社会公益性活动等情况；

（五）申请人持有该项目的相关实物、资料的情况；

（六）申请人志愿从事非物质文化遗产传承活动，履行代表性传承人相关义务的声明；

（七）其他有助于说明申请人具有代表性和影响力的材料。

中央各部门直属单位可以通过其主管单位直接向文化和旅游部推荐国家级非物质文化遗产代表性传承人，推荐材料应当包括前款各项内容。

第十条　文化和旅游主管部门收到申请材料或者推荐材料后，应当组织专家进行审核并逐级上报。

省级文化和旅游主管部门收到上述材料后，应当组织审核，提出推荐人选和审核意见，连同申报材料和审核意见一并报送文化和旅游部。

第十一条　文化和旅游部应当对收到的申请材料或者推荐材料进行复核。符合要求的，进入评审程序；不符合要求的，退回材料并说明理由。

第十二条　文化和旅游部应当组织专家评审组和评审委员会，对推荐认定为国家级非物质文化遗产代表性传承人的人选进行初评和审议。根据需要，可以安排现场答辩环节。

评审委员会对初评人选进行审议，提出国家级非物质文化遗产代表性传承人推荐人选。

第十三条　文化和旅游部对评审委员会提出的国家级非物质文化遗产代表性传承人推荐人选向社会公示，公示期为20日。

第十四条　公民、法人或者其他组织对国家级非物质文化遗产代表性传承人推荐人选有异议的，可以在公示期间以书面形式实名向文化和旅游部提出。

第十五条 文化和旅游部根据评审委员会的审议意见和公示结果,审定国家级非物质文化遗产代表性传承人名单,并予以公布。

第十六条 文化和旅游部应当建立国家级非物质文化遗产代表性传承人档案,并及时更新相关信息。

档案内容主要包括传承人基本信息、参加学习培训、开展传承活动、参与社会公益性活动情况等。

第十七条 文化和旅游主管部门根据需要采取下列措施,支持国家级非物质文化遗产代表性传承人开展传承、传播等活动:

(一)提供必要的传承场所;

(二)提供必要的经费资助其开展授徒、传艺、交流等活动;

(三)指导、支持其开展非物质文化遗产记录、整理、建档、研究、出版、展览展示展演等活动;

(四)支持其参加学习、培训;

(五)支持其参与社会公益性活动;

(六)支持其开展传承、传播等活动的其他措施。

对无经济收入来源、生活确有困难的国家级非物质文化遗产代表性传承人,所在地文化和旅游主管部门应当协调有关部门积极创造条件,并鼓励社会组织和个人提供资助,保障其基本生活需求。

第十八条 国家级非物质文化遗产代表性传承人承担下列义务:

(一)开展传承活动,培养后继人才;

(二)妥善保存相关实物、资料;

(三)配合文化和旅游主管部门及其他有关部门进行非物质文化遗产调查;

(四)参与非物质文化遗产公益性宣传等活动。

第十九条 省级文化和旅游主管部门应当根据实际情况，列明国家级非物质文化遗产代表性传承人义务，明确传习计划和具体目标任务，报文化和旅游部备案。

国家级非物质文化遗产代表性传承人应当每年向省级文化和旅游主管部门提交传承情况报告。

第二十条 省级文化和旅游主管部门根据传习计划应当于每年6月30日前对上一年度国家级非物质文化遗产代表性传承人义务履行和传习补助经费使用情况进行评估，在广泛征求意见的基础上形成评估报告，报文化和旅游部备案。

评估结果作为享有国家级非物质文化遗产代表性传承人资格、给予传习补助的主要依据。

第二十一条 文化和旅游部按照有关规定，会同有关部门对做出突出贡献的国家级非物质文化遗产代表性传承人予以表彰和奖励。

第二十二条 有下列情形之一的，经省级文化和旅游主管部门核实后，文化和旅游部取消国家级非物质文化遗产代表性传承人资格，并予以公布：

（一）丧失中华人民共和国国籍的；

（二）采取弄虚作假等不正当手段取得资格的；

（三）无正当理由不履行义务，累计两次评估不合格的；

（四）违反法律法规或者违背社会公德，造成重大不良社会影响的；

（五）自愿放弃或者其他应当取消国家级非物质文化遗产代表性传承人资格的情形。

第二十三条 国家级非物质文化遗产代表性传承人去世的，省级文化和旅游主管部门可以采取适当方式表示哀悼，组织开展传承人传承事迹等宣传报道，并及时将相关情况报文化和旅游部。

第二十四条 省、自治区、直辖市文化和旅游主管部门可以参照本办法，制定本行政区域内非物质文化遗产代表性传承人的认定与管理办法。

中央各部门直属单位国家级非物质文化遗产代表性传承人的管理参照本办法相关规定执行。

第二十五条 本办法由文化和旅游部负责解释。

第二十六条 本办法自2020年3月1日起施行。原文化部2008年5月14日发布的《国家级非物质文化遗产项目代表性传承人认定与管理暂行办法》同时废止。

6. 国家非物质文化遗产保护专项资金管理办法

（财教〔2012〕45号 2012年5月4日发布实施）

第一章 总 则

第一条 为了规范和加强国家非物质文化遗产保护专项资金（以下简称专项资金）的管理，提高资金使用效益，根据《中华人民共和国预算法》、《中华人民共和国非物质文化遗产法》和国家有关法律、行政法规的规定，结合我国非物质文化遗产保护工作实际，制定本办法。

第二条 专项资金由中央财政设立，专项用于国家非物质文化遗产管理和保护。专项资金的年度预算根据国家非物质文化遗产保护工作总体规划、年度工作计划及国家财力情况核定。

第三条 专项资金的管理和使用坚持统一管理、分级负责、合理安排、专款专用的原则。专项资金用于补助地方的，适当向民族地区、边远地区、贫困地区倾斜。

第四条　专项资金的管理和使用严格执行国家有关法律法规和财务规章制度，并接受财政、审计和文化等相关部门的监督检查。

第二章　专项资金的分类和开支范围

第五条　专项资金分为中央本级专项资金和中央对地方专项转移支付资金，按照开支范围分为组织管理费和保护补助费。

中央本级专项资金包括文化部本级组织管理费和中央部门所属单位保护补助费，中央对地方专项转移支付资金为中央财政对各省（区、市）保护补助费。

第六条　组织管理费是指组织开展非物质文化遗产保护工作和管理工作所发生的支出，具体包括：规划编制、调查研究、宣传出版、培训、数据库建设、咨询支出等。

第七条　保护补助费是指补助国家级非物质文化遗产代表性项目、国家级代表性传承人、国家级文化生态保护区开展调查、记录、保存、研究、传承、传播等保护性活动发生的支出。具体包括：

（一）国家级非物质文化遗产代表性项目补助费，主要补助国家级非物质文化遗产代表性项目相关的调查研究、抢救性记录和保存、传承活动、理论及技艺研究、出版、展示推广、民俗活动支出等。

（二）国家级代表性传承人补助费，用于补助国家级代表性传承人开展传习活动的支出。

（三）国家级文化生态保护区补助费，主要补助国家级文化生态保护区相关的调查研究、规划编制、传习设施租借或修缮、普及教育、宣传支出等。

第三章　专项资金的申报、审批和拨付

第八条　中央本级专项资金申报审批程序：

文化部本级组织管理费由文化部按照部门预算管理的有关规定报财政部审核，经法定程序批准后纳入文化部部门预算。

中央部门所属单位申请保护补助费，由中央部门按照部门预算管理的有关规定列入本部门预算并按规定时间报财政部，同时还应当于每年6月30日前向文化部报送申请材料。文化部对申请材料进行审核，提出专项资金补助建议方案报财政部，财政部按照部门预算管理的有关规定审核后下达中央部门。

第九条　中央对地方专项转移支付资金申报审批程序：

各省（区、市）申请保护补助费，应当由申报单位提出申请，经地方各级财政和文化主管部门逐级申报。省级财政和文化主管部门进行审核汇总后，于每年10月31日前联合向财政部和文化部提出下一年度资金申请。凡越级上报或单方面上报的均不受理。其中，国家级代表性传承人补助费由省级财政和文化主管部门直接上报财政部和文化部。

文化部对申请材料进行审核后，提出专项资金补助建议方案报财政部，财政部审核后会同文化部下达省级财政和文化主管部门。

第十条　专项资金预算下达后，按照国库集中支付有关规定拨付。

第四章　专项资金的管理、使用和监督

第十一条　保护补助费的申报单位必须具备以下条件：

（一）具有独立法人资格；

（二）具有固定的工作场所；

（三）具有专门从事非物质文化遗产保护的工作人员；

（四）具有科学的工作计划和合理的资金需求。

第十二条 专项资金预算一经批准，必须严格执行，一般不做调整。如遇特殊情况确需调整的，应当按本办法规定的申报程序报财政部审批。

第十三条 用专项资金购置的固定资产应当按照国家国有资产管理的有关规定，纳入单位的固定资产账户进行核算与管理。

第十四条 纳入政府采购的项目应当按照国家政府采购的有关规定执行。

第十五条 项目结转结余按照财政部有关规定使用。

第十六条 项目实施完毕，省级文化和财政主管部门负责组织对项目进行验收，并将验收结果报文化部和财政部备案。财政部和文化部可视情况组织复查。

第十七条 建立健全专项资金使用的监督检查机制和绩效评价制度。财政部和文化部可根据项目实施情况，组织或委托有关机构进行监督检查和绩效评价。

第十八条 有下列情形之一的，财政部和文化部根据国家法律和行政法规的有关规定给予暂停核批新项目、停止拨款、收回专项资金等处理，并依法追究有关人员的责任：

（一）弄虚作假申报专项资金的；

（二）擅自变更项目实施内容的；

（三）截留、挪用和挤占专项资金的；

（四）因管理不善，给国家财产造成损失和浪费的。

第十九条 接受国家级代表性传承人补助费的个人未按规定开展相应的传习活动，或者将补助资金用于传习活动无关的其他事项的,财政部和文化部可以视其情形,作出核减、停拨补助费或者收回已拨补助费的处理。

第五章　附　　则

第二十条　本办法自发布之日起施行。财政部、文化部2006年7月13日印发的《国家非物质文化遗产保护专项资金管理暂行办法》(财教〔2006〕71号)同时废止。

附件:

1. ____年度____省(区、市)国家非物质文化遗产保护专项资金申报汇总表

2. ____年度____省(区、市)国家级非物质文化遗产代表性项目补助费申报汇总表

3. 国家级非物质文化遗产代表性项目补助费申报书

4. 国家级代表性传承人补助费申报书

5. 国家级文化生态保护区补助费申报书

附件1:

____年度____省(区、市)国家非物质文化遗产保护专项资金申报汇总表

序号	项目名称	金额(万元)
1	国家级非物质文化遗产代表性项目补助费	
2	国家级代表性传承人补助费	
3	国家级文化生态保护区补助费	
合计	—	

注:此申报汇总表由省级财政、文化主管部门汇总填报。

附件2：

____年度____省(区、市)国家级非物质文化遗产代表性项目补助费申报汇总表

入选联合国教科文组织非物质文化遗产名录项目请在项目名称前用“★”标明

序号	项目编号	项目名称	资金申报单位	金额(万元)	备注
1					
2					
3					
4					
5					
6					
7					
8					
……					
合计	—	—	—		

注：此申报汇总表由省级财政、文化主管部门汇总填报。

附件3：

国家级非物质文化遗产代表性项目补助费申报书

申报单位公章：

申报补助项目名称			
申报单位名称			
联系地址		邮政编码	
申报项目负责人(联系人)		联系电话	
开户名称			
开户银行			

续表

<table>
<tr><td colspan="2">开户账号</td><td></td></tr>
<tr><td colspan="1">申报单位具备资质</td><td colspan="2"></td></tr>
<tr><td>补助申请理由</td><td colspan="2"></td></tr>
<tr><td>补助资金使用内容</td><td colspan="2"></td></tr>
<tr><td>年度目标及预期效益</td><td colspan="2"></td></tr>
<tr><td rowspan="2">资金总额</td><td>资金使用年度</td><td></td></tr>
<tr><td>申请金额(万元)</td><td></td></tr>
</table>

续表

项目支出明细预算	支出内容明细	金额(万元)
	合计	
预算测算依据及说明		

注:此申报表由申报单位填报。

附件4:

国家级代表性传承人补助费申报书

序号	姓名	身份证号	项目编号	项目名称	金额(万元)
合计					

续表

已去世代表性传承人名单					
序号	姓名	身份证号	项目编号	项目名称	去世时间

注：此申报书由省级财政和文化主管部门汇总填报。

附件5：

国家级文化生态保护区补助费申报书

申报单位公章：

文化生态保护区名称			
建设实施单位名称			
联系地址		邮政编码	
单位负责人（联系人）		联系电话	
建设总体目标及本年度目标			

续表

<table>
<tr><td>补助申请理由</td><td colspan="2"></td></tr>
<tr><td>补助资金使用内容</td><td colspan="2"></td></tr>
<tr><td rowspan="2">资金额度</td><td>申请中央财政拨款总额(万元)</td><td></td></tr>
<tr><td>当年中央财政拨款金额(万元)</td><td></td></tr>
<tr><td rowspan="13">项目支出明细预算</td><td>当年中央财政拨款支出明细</td><td>金额(万元)</td></tr>
<tr><td></td><td></td></tr>
<tr><td></td><td></td></tr>
<tr><td></td><td></td></tr>
<tr><td></td><td></td></tr>
<tr><td></td><td></td></tr>
<tr><td></td><td></td></tr>
<tr><td></td><td></td></tr>
<tr><td></td><td></td></tr>
<tr><td></td><td></td></tr>
<tr><td></td><td></td></tr>
<tr><td></td><td></td></tr>
<tr><td>合计</td><td></td></tr>
<tr><td>经费预算测算依据及说明</td><td colspan="2"></td></tr>
</table>

注:国家级文化生态保护区中涉及申请国家级非物质文化遗产代表性项目补助费的,请填报《国家级非物质文化遗产代表性项目补助费申报书》。

7. 中国非物质文化遗产标识管理办法

（办社图发〔2007〕14 号通知发布　2007 年 7 月 23 日发布实施）

第一条　为规范中国非物质文化遗产标识的使用和管理工作，制定本办法。

第二条　本办法所称中国非物质文化遗产标识是指由中华人民共和国文化部确定并发布的中国非物质文化遗产图形标识（见附件 3）。

第三条　文化部是中国非物质文化遗产标识的权利人。文化部授权中国非物质文化遗产保护中心对中国非物质文化遗产标识及其使用进行保护和管理，维护中国非物质文化遗产标识权利人的权益。

中国非物质文化遗产保护中心应当依照相关法规，加强对中国非物质文化遗产标识的使用管理。

第四条　任何单位、组织和个人使用中国非物质文化遗产标识时应当遵守本办法的规定。

第五条　使用中国非物质文化遗产标识，应当根据本办法附件一规定的式样和颜色用于相应场合，按比例放大或缩小，不得更改图形的比例关系和样式。

第六条　中国非物质文化遗产标识可用于公益活动和商业活动。

中国非物质文化遗产标识权利人鼓励将标识用于非物质文化遗产保护公益活动。使用人将中国非物质文化遗产标识用于商业活动，应当事前向中国非物质文化遗产保护中心提出申请，并取得许可。

第七条 将中国非物质文化遗产标识用于商业活动，是指以营利为目的，以下列方式使用中国非物质文化遗产标识：

（一）制造或者销售中国非物质文化遗产标识；

（二）将中国非物质文化遗产标识用于服务项目；

（三）将中国非物质文化遗产标识用于广告宣传、商业展览和营业性演出活动；

（四）销售、出口含有中国非物质文化遗产标识的商品；

（五）将中国非物质文化遗产标识用于商品、商品包装或者容器以及商品交易文书；

（六）其他使用中国非物质文化遗产标识的相关商业行为。

第八条 将中国非物质文化遗产标识用于商业活动，应当向中国非物质文化遗产保护中心提交《中国非物质文化遗产标识使用申请书》（见附件2）一式两份，以及申请人法人营业执照或法人资格证明文件的副本原件或复印件，并加盖申请人公章。

经审核同意的，申请人应当与中国非物质文化遗产保护中心签订中国非物质文化遗产标识许可使用协议书。协议双方应当按照协议书的具体约定，行使权利，承担义务。

第九条 中国非物质文化遗产保护中心按照有关法律、行政法规和权利人的要求，处理中国非物质文化遗产标志用于商业活动的有关事务。所得收入，应当全部用于非物质文化遗产保护。

第十条 中国非物质文化遗产保护中心应当定期将中国非物质文化遗产标识使用和管理工作的情况报送中国非物质文化遗产标识权利人备案。

第十一条 本办法自发布之日起施行。

附件 2

项目名称

责任单位

标识使用者

标识用途审批意见　/　年　月　日　(注:为两行)

附件 3

中国非物质文化遗产标识使用申请书

8. 四川省非物质文化遗产条例

(四川省第十二届人民代表大会常务委员会第三十三次会议通过　四川省第十二届人民代表大会常务委员会公告第 87 号　2017 年 6 月 3 日公布　2017 年 9 月 1 日起施行)

第一章　总　　则

第一条　为了继承和弘扬中华民族优秀传统文化,加强非物质文化遗产保护、保存工作，根据《中华人民共和国非物质文化遗产法》等法律、行政法规，结合四川省实际，制定本条例。

第二条　四川省行政区域内非物质文化遗产的保护、保存适用本条例。

本条例所称非物质文化遗产，是指各族人民世代相传并视为其文化遗产组成部分的各种传统文化表现形式，以及与传统文化表现形式相关的实物和场所。包括：

（一）传统口头文学以及作为其载体的语言；

（二）传统美术、书法、音乐、舞蹈、戏剧、曲艺和杂技；

（三）传统技艺、医药和历法；

（四）传统礼仪、节庆等民俗；

（五）传统体育和游艺；

（六）其他传统文化表现形式。

属于非物质文化遗产组成部分的实物和场所，凡属文物的，适用文物保护法律法规的有关规定。

第三条　本条例所称保护是指对体现中华民族优秀传统文化，具有历史、文学、艺术、科学价值的非物质文化遗产采取的传承、传播等措施；保存是指对非物质文化遗产采取的认定、记录、建档等措施。

第四条　非物质文化遗产的保护、保存，应当贯彻保护为主、抢救第一、合理利用、传承发展的方针，坚持政府主导、部门负责、社会参与的原则，注重其真实性、整体性和传承性，有利于增强民族团结、促进社会发展。

第五条　县级以上地方人民政府应当加强对非物质文化遗产保护工作的领导，建立非物质文化遗产保护工作协调机制，将非物质文化遗产保护、保存工作纳入本级国民经济和社会发展规划，将保护、保存经费列入本级财政预算。

第六条 县级以上地方人民政府应当对少数民族地区、革命老区、边远地区及贫困地区的非物质文化遗产保护、保存工作，结合农村扶贫开发工作，在资金、人才培养、设施建设等方面给予扶持。

第七条 县级以上地方人民政府文化主管部门负责本行政区域内的非物质文化遗产保护、保存工作。

发展改革、财政、教育、人力资源社会保障、民族宗教、新闻出版广电、旅游、城乡规划、商务、卫生计生、体育、扶贫移民等有关部门在各自职责范围内，负责有关非物质文化遗产的保护、保存工作。

乡(镇)人民政府和街道办事处协助做好非物质文化遗产保护、保存工作。

第八条 县级以上地方人民政府应当加强对非物质文化遗产保护工作的宣传，可以将本地非物质文化遗产工作同社区教育、职业教育、义务教育、学前教育等结合起来，普及非物质文化遗产知识，增强全社会保护非物质文化遗产的意识。

第九条 鼓励和支持公民、法人和其他组织依法参与非物质文化遗产保护工作。

对在非物质文化遗产保护工作中做出显著贡献的组织和个人，按照国家有关规定予以表彰、奖励。

第二章 非物质文化遗产的调查

第十条 县级以上地方人民政府根据非物质文化遗产保护、保存工作需要，组织非物质文化遗产调查。

县级以上地方人民政府文化主管部门负责非物质文化遗产调

查，全面掌握其种类、数量、分布、生存环境、保护现状等情况；其他有关部门可以对其工作领域内的非物质文化遗产进行调查。

第十一条 公民、法人和其他组织可以向当地文化主管部门提供非物质文化遗产线索和资料，也可以依法进行非物质文化遗产调查。

第十二条 境外组织或者个人在四川省进行非物质文化遗产调查，应当向省人民政府文化主管部门提出申请，载明调查的内容、对象、时间、地点、调查组织或者人员等情况；省人民政府文化主管部门应当自受理申请之日起二十日内作出是否批准的书面决定。

境外组织在四川省进行非物质文化遗产调查，应当与境内非物质文化遗产学术研究机构合作进行。

境外组织或者个人应当自调查结束之日起三十日内，向省人民政府文化主管部门提交调查报告和调查中取得的实物图片、资料复制件。

第十三条 进行非物质文化遗产调查应当征得调查对象同意，尊重其风俗习惯、宗教信仰，不得损害其合法权益，不得非法占有、损毁非物质文化遗产相关资料、实物、建(构)筑物、场所等。

第十四条 县级以上地方人民政府文化主管部门应当建立非物质文化遗产濒危项目目录，对通过调查或者其他途径发现的濒临消失的非物质文化遗产项目，应当及时采取抢救性措施予以优先保存。

第十五条 县级以上地方人民政府文化主管部门应当采用文字、录音、录像、数字化多媒体等多种方式对非物质文化遗产进行真实、系统和全面的记录，建立非物质文化遗产档案和相关数据库，并妥善保存相关实物和资料。

文化主管部门和其他有关部门应当建立健全非物质文化遗产调查信息共享机制。其他有关部门应当在非物质文化遗产调查结束后六十日内，将实物图片、资料复制件汇总提交同级文化主管部门。

除依法应当保密的外，非物质文化遗产档案及相关数据信息应当公开，便于公众查阅。

第三章　非物质文化遗产代表性项目名录

第十六条　建立省、市、县三级非物质文化遗产代表性项目（以下简称代表性项目）名录，将符合下列条件的非物质文化遗产项目列入名录予以保护：

（一）具有历史、文学、艺术、科学价值；

（二）具有中华民族优秀传统文化的典型性、代表性；

（三）具有在一定群体内世代传承传播的特点；

（四）具有地域或者民族特色，在一定区域内有较大影响力。

第十七条　县级以上地方人民政府文化主管部门可以从调查或者其他途径发现的非物质文化遗产中，遴选拟列入本级代表性项目名录的项目。

第十八条　公民、法人和其他组织可以向县级以上地方人民政府文化主管部门提出列入当地代表性项目名录的申请或者建议。

第十九条　省人民政府依法从省级代表性项目名录中选择具有重大历史、文学、艺术、科学价值的非物质文化遗产项目，向国务院文化主管部门推荐列入国家级代表性项目名录。

市（州）、县（市、区）人民政府可以从本级代表性项目名录中选择项目，向上一级人民政府文化主管部门推荐列入上一级代表性项目名录。

第二十条　推荐、申请或者建议列入代表性项目名录，应当向有关文化主管部门提交以下材料：

（一）项目介绍，包括项目名称、历史、现状和价值；

（二）传承情况介绍，包括传承范围、传承谱系、传承人的技艺水平、传承活动的社会影响；

（三）保护计划，包括保护应当达到的目标和应当采取的措施、步骤、管理制度；

（四）有助于说明项目的视听资料等材料。

第二十一条　建立非物质文化遗产保护专家评审制度。

省、市（州）人民政府文化主管部门建立非物质文化遗产专家库。专家库由历史、文学、艺术、民俗、宗教、医药、技艺等相关领域具有较高水平和良好职业道德的专家组成，参与非物质文化遗产保护的规划、评审、认定、评估等相关工作。

专家遴选和管理办法由省人民政府文化主管部门制定。

第二十二条　县级以上地方人民政府文化主管部门应当组织专家评审小组和专家评审委员会，对拟列入本级代表性项目名录的项目进行初评和审议，评审工作应当遵循公开、公平、公正的原则。

具体评审办法由省人民政府文化主管部门制定。

第二十三条　代表性项目评审应当经过以下程序：

（一）对拟列入名录的项目，专家评审小组进行初评，经专家评审小组成员过半数通过后形成初评意见；

（二）专家评审委员会对初评意见进行审议，提出审议意见，审议意见应当经专家评审委员会成员过半数通过；

（三）文化主管部门将拟列入本级代表性项目名录的项目通过

媒体公示征求公众意见,公示时间不少于二十日;

(四)文化主管部门根据评审委员会的审议意见和公示结果,拟订本级非物质文化遗产代表性项目名录,报本级人民政府批准后公布,并报上一级文化主管部门备案。

第二十四条 公民、法人和其他组织对拟列入代表性项目名录的项目有异议的,应当在公示期间提出书面意见。文化主管部门经调查核实,认为异议不成立的,应当在收到书面意见之日起三十日内书面告知异议人并说明理由;认为异议成立的,应当按照规定程序重新组织评审。

第四章 非物质文化遗产的传承与传播

第二十五条 县级以上地方人民政府文化主管部门可以认定并公布代表性项目的保护单位和代表性传承人(个人或者团体),并报上一级人民政府文化主管部门备案。

认定代表性项目保护单位和代表性传承人,参照本条例代表性项目评审的有关规定进行认定。

第二十六条 代表性项目保护单位(以下简称保护单位)应当具备下列条件:

(一)经依法登记,并有专人负责该项目保护工作;

(二)具有该项目代表性传承人或者该项目相对完整的原始资料;

(三)具有编制并实施该项目保护计划的能力;

(四)具备开展传承、传播活动的场所及其他条件。

第二十七条 保护单位应当履行下列职责:

(一)制定、实施项目保护计划及措施,向有关文化主管部门定期报告项目保护情况并接受监督;

（二）收集有关实物、资料，并登记、整理、建档；

（三）保护有关实物、资料和场所；

（四）开展项目传承、展示、学术研究等活动；

（五）培养项目传承人，为传承活动提供必要条件。

第二十八条 代表性项目代表性传承人（以下简称传承人）应当符合下列条件：

（一）熟练掌握其传承的非物质文化遗产；

（二）具有传承谱系，在特定领域和一定区域具有代表性、影响力；

（三）积极开展传承活动。

第二十九条 公民、法人和其他组织可以向当地文化主管部门推荐传承人，公民也可以自行申请认定为传承人。推荐传承人的，应当征得被推荐人的书面同意。

推荐或者自行申请传承人，应当提交下列材料，材料应当真实、准确：

（一）被推荐人或者申请人的基本情况；

（二）该项目传承谱系以及被推荐人或者申请人的学艺与传承经历；

（三）被推荐人或者申请人的技艺特点、成就及相关证明材料；

（四）被推荐人或者申请人持有该项目的相关实物、文献等资料情况；

（五）其他说明被推荐人或者申请人代表性的材料。

第三十条 传承人应当履行下列义务：

（一）采取收徒、办学等方式，开展传承活动，培养后继人才；

（二）妥善保存相关实物、资料；

（三）配合文化主管部门及有关部门进行非物质文化遗产调查

工作；

（四）参与非物质文化遗产公益性宣传、展示、传播活动。

第三十一条 保护单位和传承人享有下列权利：

（一）开展传授、展示技艺、文艺创作、学术研究等活动；

（二）依法向他人提供其掌握的知识、技艺以及有关原始资料文献、实物、场所等，并获得相应报酬；

（三）申请获得项目保护经费或者传承人补助；

（四）提出非物质文化遗产保护工作的意见及建议。

第三十二条 县级以上地方人民政府文化主管部门应当建立本级代表性项目的保护单位和传承人档案，档案包括代表性项目保护规划的实施情况、经费使用、传承和传播展示等情况。

第三十三条 县级以上地方人民政府文化主管部门根据需要通过提供场地、经费资助等方式支持保护单位和传承人开展传承、传播活动。

教育、人力资源社会保障等部门可以采取助学、奖学或者给予职业培训补贴等方式，资助传承人带徒授艺。

第三十四条 县级以上地方人民政府应当利用现有场馆、在新建公共文化设施中设立专门区域或者根据需要新建非物质文化遗产展示场馆，结合当地传统节庆、民间习俗以及文化和自然遗产日，开展代表性项目的收藏、展示和传播活动。

县级以上地方人民政府可以将满足当地群众公共文化服务需求的代表性项目的传承与展示活动，列入本级人民政府向社会力量购买公共文化服务的指导性目录。

第三十五条 县级以上地方人民政府文化主管部门应当组织保护单位和传承人开展文化服务等活动，将非物质文化遗产传播与农村文化、社区文化、校园文化、企业文化、家庭文化建设相结合，丰富优秀公共文化产品服务与供给。

第三十六条　县级以上地方人民政府文化主管部门应当开展非物质文化遗产的数字化保护和传播，建立数据库和数字化保护系统平台，方便公民、法人和其他组织进行资料查询和复制，支持非物质文化遗产保护技术研究、传播推广和成果转化。

第三十七条　非物质文化遗产保护机构、学术研究机构，图书馆、文化馆、博物馆、科技馆、美术馆、档案馆、青少年活动中心、基层文化活动中心等公共文化机构，以及利用财政性资金举办的文艺表演团体、演出场所经营单位等，应当根据各自业务范围，有计划地开展代表性项目的研究、收藏、展示、传承等活动。

第三十八条　报刊、广播电视、互联网等媒体应当通过多种方式开展非物质文化遗产保护宣传，普及非物质文化遗产知识。

第三十九条　教育机构应当按照教育主管部门规定，将本地优秀的、体现民族精神与民间特色的非物质文化遗产列入教育内容。

学校可以采取课堂教学与社会实践相结合的方法，通过将非物质文化遗产内容融入相关课程，或者与特色课程相结合、开设校本课程等方式，向学生普及非物质文化遗产知识。

非物质文化遗产专题公共文化设施或者展室应当为学校开展教育活动提供服务和便利。

第四十条　鼓励和支持保护单位和传承人参与学校开展的非物质文化遗产课程。

鼓励和支持职业学校、高等学校、科研机构建立非物质文化遗产教学、研究基地，设置相关专业和课程，培养非物质文化遗产保护、传承等专业人才。

第四十一条　鼓励和支持公民、法人和其他组织通过下列方式参与非物质文化遗产的传承与传播：

（一）成立非物质文化遗产研究机构，设立非物质文化遗产展示和传承场所，举办公益性非物质文化遗产展示活动，研究、收藏和传承代表性项目；

（二）整理、翻译、出版非物质文化遗产原始文献、典籍、资料等；

（三）将其持有的非物质文化遗产实物和资料捐赠或者委托政府设立的公共文化机构收藏、保管、展出；

（四）资助非物质文化遗产的传承与传播。

第四十二条 实行代表性项目、传承人动态管理制度。

县级以上地方人民政府文化主管部门应当会同有关部门，组织相关专家、有代表性的社会人士定期对本级代表性项目保护的实施情况进行评估和监督检查，并向社会公开评估结果。

县级以上地方人民政府文化主管部门监督检查发现保护单位或者传承人无正当理由未履行规定义务的，责令其限期整改；逾期不改正的，应当取消其保护单位或者传承人资格，并按照规定程序予以重新认定。

传承人丧失传承能力，难以履行传承义务的，县级以上地方人民政府文化主管部门可以重新或者补充认定该项目的传承人，原传承人继续保留传承人资格。

第四十三条 代表性项目因客观环境改变无人传承、不再呈活态文化特性而自然消亡的，经县级以上地方人民政府文化主管部门组织专家评估、调查核实后，报请本级人民政府批准退出名录，并向社会公布。

第五章　非物质文化遗产的保障与利用

第四十四条　县级以上地方人民政府应当明确承担非物质文化遗产保护工作职责的机构，加强非物质文化遗产保护队伍建设，以多种方式培养非物质文化遗产研究、传承、保护等各类专门人才。

第四十五条　县级以上地方人民政府文化主管部门应当根据非物质文化遗产保护、保存工作需要，听取相关专家和社会公众意见，会同有关部门编制本级非物质文化遗产保护工作规划。

第四十六条　县级以上地方人民政府文化主管部门应当根据代表性项目的状况和特点，制定项目保护规划和实施方案，实行分级、分类保护。

第四十七条　对濒临消失、活态传承困难的项目，县级以上地方人民政府文化主管部门应当会同有关部门制定抢救保护方案，予以重点抢救性保护。抢救性保护应当采取下列措施：

（一）采用文字、图片、录音、录像等方式进行记录、整理、保存、建档；

（二）征集、保存相关资料实物；

（三）保护相关场所及遗迹；

（四）采取特殊措施培养传承人；

（五）其他抢救性保护措施。

第四十八条　对受众较广泛、活态传承较好的项目，县级以上地方人民政府文化主管部门可以通过认定传承人、培育或者扶持传承基地等方式，实行传承性保护。根据需要采取下列措施，支持传承人和传承基地开展传承活动：

（一）记录、整理、出版有关技艺资料；

（二）提供必要的传承场所；

（三）给予必要的经费资助；

（四）组织开展研讨、展示、宣传、交流等活动；

（五）有利于项目传承的其他措施。

第四十九条 对具有市场需求与开发潜力的传统技艺、美术、医药类等项目，鼓励和支持发挥非物质文化遗产资源的特殊优势，进行合理开发利用，实行生产性保护。

县级以上地方人民政府及有关部门根据需要，引导、扶持代表性项目生产性保护示范基地建设，加强传统工艺的挖掘、记录、整理和研究，使项目的核心技艺在生产实践中得以传承。

实行生产性保护应当坚持在保护的基础上合理开发利用，保持非物质文化遗产的真实性、整体性和传承性。鼓励在不改变其主要传统生产方式、传统工艺流程和核心技艺基础上，探索手工技艺与现代科技、工艺装备的有机融合，提高传统工艺的传承和再创造能力，加强成果转化。

第五十条 鼓励在保护非物质文化遗产核心价值的基础上，对非物质文化遗产进行再创造，促进非物质文化遗产走进现代生活，实现可持续发展。

第五十一条 利用代表性项目进行艺术创作、出版、旅游活动等，应当尊重其原真形式和文化内涵，不得歪曲、贬损、滥用和过度开发。

第五十二条 县级以上地方人民政府应当对合理利用代表性项目的公民、法人和其他组织，在资金、场所提供、宣传推介、产品销售等方面予以扶持和帮助。

合理利用代表性项目的，可以按规定申请国家、省级相关产业发展专项资金，依法享受国家规定的税收、信贷、土地使用等优惠政策。

第五十三条 符合下列条件的特定区域,所在地文化主管部门可以会同有关部门制定非物质文化遗产专项保护规划,设立文化生态保护区,实行区域性整体保护:

(一)传统文化积淀丰厚、存续状态良好,并为社会广泛认同;

(二)非物质文化遗产资源丰富,代表性项目集中,且具有较高的历史、文化、科学价值和鲜明的区域特色;

(三)非物质文化遗产所依存的自然环境和人文环境良好;

(四)当地居民的文化认同感和参与保护的自觉性较高。

非物质文化遗产专项保护规划应当征求特定区域内的居民意见,组织相关专家咨询论证,报经本级人民政府批准后实施。

文化生态保护区应当以保护区域内的非物质文化遗产为核心,注意保护相关的文化空间和特定的自然人文环境,结合传统村落、少数民族特色村镇和历史文化街区以及相关的自然生态环境、物质文化遗产及其资源等,进行整体性保护。

第五十四条 实行区域性整体保护涉及非物质文化遗产集中地村镇或者街区空间规划的,由当地城乡规划主管部门依据相关法规制定专项保护规划,并依法纳入当地城乡规划。

在整体保护区域内新建、改造或者修缮建(构)筑物,应当尊重该区域的传统文化和历史风貌,并与之相协调。

第五十五条 县级以上地方人民政府应当在政策优惠、资金投入、基础设施建设等方面对整体保护区予以扶持。

鼓励有条件的整体保护区在保持非物质文化遗产真实性、整体性和传承性的基础上,发展符合其特色的旅游活动。

第五十六条 县级以上地方人民政府应当采取措施,保护与代表性项目密切相关的珍稀矿产和植物、动物等天然原材料。

第五十七条 鼓励和支持公民、法人和其他组织参与非物质文化遗产的利用与发展,依法开展代表性项目对外交流与贸易,提高非物质文化遗产的影响力,弘扬中华民族优秀传统文化。

第六章 法律责任

第五十八条 违反本条例规定,境外组织或者个人擅自进行非物质文化遗产调查的,由文化主管部门责令改正,给予警告,没收违法所得及调查中取得的资料、实物;情节严重的,对境外组织并处十万元以上五十万元以下罚款,对境外个人并处一万元以上五万元以下罚款。

第五十九条 违反本条例规定,公民、法人和其他组织在申报代表性项目保护单位或者传承人过程中弄虚作假的,由文化主管部门责令改正,给予警告;情节严重的,取消其参评资格;已被认定为代表性项目保护单位或者传承人的,予以取消,并责令其退还项目保护经费或者传承人补助经费。

第六十条 违反本条例规定,文化主管部门和其他有关部门、非物质文化遗产保护工作机构及其工作人员在非物质文化遗产保护、保存工作中有下列情形之一的,对直接负责的主管人员和其他直接责任人员依法给予处分:

(一)进行非物质文化遗产调查时不尊重风俗习惯和宗教信仰,造成严重后果的;

(二)违反法定条件和程序认定代表性项目及其保护单位和传承人的;

(三)截留、挪用、挤占非物质文化遗产保护、保存经费的;

(四)玩忽职守、滥用职权、徇私舞弊的。

第六十一条 侵占、破坏代表性项目相关资料、实物、建(构)

筑物、场所的，尚不构成犯罪的，由文化主管部门责令改正，给予警告，可并处二千元以上二万元以下罚款；情节严重的，并处二万元以上十万元以下罚款；有违法所得的，没收违法所得。

第七章　附　　则

第六十二条　使用非物质文化遗产涉及知识产权的，适用有关法律、行政法规的规定。

对传统医药、传统工艺美术等的保护，法律、行政法规另有规定的，依照其规定。

第六十三条　本条例自 2017 年 9 月 1 日起施行。

9. 四川省文化和旅游厅关于印发《四川省级非物质文化遗产代表性传承人认定与管理办法》的通知

（2020 年 11 月 24 日第 14 次文化和旅游厅厅务会议审议通过　川文旅发〔2020〕90 号　2020 年 12 月 21 日发布　2021 年 1 月 1 日起施行）

第一条　为了传承弘扬中华优秀传统文化，有效保护和传承非物质文化遗产，鼓励和支持省级非物质文化遗产代表性传承人开展传承活动，根据《中华人民共和国非物质文化遗产法》和《四川省非物质文化遗产条例》等有关法律法规，制定本办法。

第二条　本办法所称省级非物质文化遗产代表性传承人，是指承担四川省级非物质文化遗产代表性项目传承责任，在特定领域内具有代表性，并在一定区域内具有较大影响，经四川省人民政府文化和旅游行政部门认定的传承人（个人或团体）。

第三条　省级非物质文化遗产代表性传承人的认定与管理应当以习近平新时代中国特色社会主义思想为指导，坚持以人民为中心,弘扬社会主义核心价值观,贯彻新发展理念,保护传承非物质文化遗产,推动中华优秀传统文化创造性转化、创新性发展,助力文化和旅游融合发展、高质量发展,推动文化强省旅游强省建设。

第四条 省级非物质文化遗产代表性传承人的认定与管理应当立足于完善非物质文化遗产传承体系,增强非物质文化遗产的存续力和传承实践活力,尊重传承人的主体地位和权利,注重社区和群体的认同感。

第五条 省级非物质文化遗产代表性传承人应当锤炼忠诚、执着、朴实的品格,增强使命和担当意识,提高传承实践能力,在开展传承、传播等活动时遵守宪法和法律法规,遵守社会公德,坚持正确的历史观、国家观、民族观、文化观,铸牢中华民族共同体意识,不得以歪曲、贬损等方式使用和传播非物质文化遗产。

第六条 省人民政府文化和旅游行政部门根据非物质文化遗产保护传承需要,定期开展省级非物质文化遗产代表性传承人认定工作。

第七条 认定省级非物质文化遗产代表性传承人,应当坚持公开、公平、公正的原则,严格履行申报、审核、评审、公示、审定、公布等程序。

第八条 符合下列条件的中国公民或者团体可以申请或者被推荐为省级非物质文化遗产代表性传承人:

(一)长期从事该项省级非物质文化遗产传承实践,熟练掌握其传承的省级非物质文化遗产代表性项目知识和核心技艺;

(二)在特定领域内具有代表性,并在一定区域内具有较大影响;

(三)在该项非物质文化遗产的传承中具有重要作用,积极开

展传承活动,培养后继人才;

(四)爱国敬业,遵纪守法,德艺双馨;

(五)在该省级非物质文化遗产代表性项目流布区域居住或工作10年及以上。

第九条 具有下列情况之一,不得被推荐或者认定为省级非物质文化遗产代表性传承人:

(一)在该领域存在较大争议的;

(二)在评审或者公示期间有传承人、保护单位或者其他组织提出书面反对意见,经查证后不能排除反对理由的;

(三)该省级非物质文化遗产代表性项目相关行业主管部门提出反对意见的;

(四)仅从事非物质文化遗产资料收集、整理和研究的人员;

(五)评审委员会认为不宜推荐或者认定的其他情况。

第十条 公民、法人和组织可以推荐省级非物质文化遗产代表性传承人,公民也可以自行提出省级非物质文化遗产代表性传承人申请。推荐传承人的,应当征得被推荐人的书面同意。

推荐或者申请省级非物质文化遗产代表性传承人的,应当向省级非物质文化遗产代表性项目所在地县(市、区)人民政府文化和旅游行政部门如实提交下列材料:

(一)被推荐人或者申请人姓名、民族、从业时间、被认定为地方非物质文化遗产代表性传承人时间等基本情况;

(二)被推荐人或者申请人的传承谱系或师承脉络、学习与实践经历;

(三)被推荐人或者申请人所掌握的非物质文化遗产知识和核心技艺、成就及相关的证明材料;

(四)被推荐人或者申请人授徒传艺、参与社会公益性活动等

情况;

(五)被推荐人或者申请人持有该项目的相关实物、资料的情况;

(六)被推荐人或者申请人志愿从事非物质文化遗产传承活动,履行代表性传承人相关义务的声明;

(七)其他有助于说明被推荐人或者申请人具有代表性和影响力的材料以及省人民政府文化和旅游行政部门要求提供的其他材料。

项目保护单位为省级机关直属单位的,可以通过其主管单位直接向省人民政府文化和旅游行政部门推荐省级非物质文化遗产代表性传承人,推荐材料应当包括前款各项内容。

第十一条 县(市、区)人民政府文化和旅游行政部门收到申请材料或者推荐材料后,应当组织专家进行审核并逐级上报。

市(州)人民政府文化和旅游行政部门收到上述材料后,应当组织专家评审组进行审核,提出推荐人选和审核意见,连同申报材料和审核意见一并报送省人民政府文化和旅游行政部门。

第十二条 省人民政府文化和旅游行政部门应当对收到的申请材料或者推荐材料进行复核。符合要求的,进入评审程序;不符合要求的,退回材料并说明理由。

第十三条 省人民政府文化和旅游行政部门应当根据有关规定和实际需要组织专家评审小组和评审委员会,对推荐认定为省级非物质文化遗产代表性传承人的人选进行初评和审议。

根据需要,可以邀请宣传、民族宗教、经济和信息化、人力资源和社会保障、中医药管理、体育、妇联、残联等省级相关部门人员参加评审委员会。

具体评审方案由省人民政府文化和旅游行政部门制定。

第十四条 省级非物质文化遗产代表性传承人应当经过以下评审程序：

（一）专家评审小组根据对应专业，对进入评审程序的人选名单进行评审，经专家评审小组成员过半数通过后形成初评意见；

（二）评审委员会对初评人选进行审议，提出省级非物质文化遗产代表性传承人推荐人选，推荐人选应当经评审委员会成员过半数通过；

（三）省人民政府文化和旅游行政部门对评审委员会提出的省级非物质文化遗产代表性传承人推荐人选向社会公示，公示期为20日。

根据需要，可以安排实地调查和现场答辩环节。

第十五条 公民、法人或者其他组织对省级非物质文化遗产代表性传承人推荐人选有异议的，可以在公示期间以书面形式实名向省人民政府文化和旅游行政部门提出。

第十六条 省人民政府文化和旅游行政部门根据评审委员会的审议意见和公示结果，审定省级非物质文化遗产代表性传承人名单，并予以公布。

第十七条 省人民政府文化和旅游行政部门应当在省非物质文化遗产保护中心建立省级非物质文化遗产代表性传承人档案，并及时更新相关信息。

档案内容主要包括传承人基本信息、参加学习培训、开展传承活动、参与社会公益性活动情况、年度评估情况等。

可以根据需要，建立数字化档案和管理信息系统。

第十八条 文化和旅游行政部门根据需要采取下列措施，支持省级非物质文化遗产代表性传承人开展传承、传播等活动：

（一）提供必要的传承场所；

（二）提供必要的经费资助其开展授徒、传艺、交流等活动；

（三）指导、支持其开展非物质文化遗产记录、整理、建档、研究、出版、展览展示展演等活动；

（四）支持其参加学习、培训；

（五）支持其参与社会公益性活动；

（六）支持其开展传承、传播等活动的其他措施。

对无经济收入来源、生活确有困难的省级非物质文化遗产代表性传承人，所在地文化和旅游行政部门应当协调有关部门积极创造条件给予帮扶，并鼓励社会组织和个人提供资助，保障其基本生活需求。

省级非物质文化遗产代表性项目保护单位应当按照本条前两款的规定，对省级非物质文化遗产代表性传承人开展传承、传播等活动提供支持。

第十九条 省级非物质文化遗产代表性传承人承担下列义务：

（一）开展传承活动，有序培养后继人才；

（二）妥善保存相关实物、资料，配合文化和旅游行政部门及其他有关部门收集相关实物、资料；

（三）配合文化和旅游行政部门及其他有关部门进行非物质文化遗产调查、记录等工作；

（四）配合文化和旅游行政部门及其他有关部门组织的传承人群研修研习培训、教学、宣传推广等活动；

（五）参与非物质文化遗产公益性宣传等活动；

（六）接受文化和旅游行政部门指导、管理和考核；

（七）文化和旅游行政部门规定的其他非物质文化遗产保护传承义务。

第二十条 市(州)人民政府文化和旅游行政部门应当根据实际情况,列明省级非物质文化遗产代表性传承人义务,明确年度传习计划和具体目标任务,报省人民政府文化和旅游行政部门备案。

省级非物质文化遗产代表性传承人应当及时向市(州)人民政府文化和旅游行政部门报告开展传承、传播活动情况,并于每年12月31日前提交年度传承情况报告。

市(州)人民政府文化和旅游行政部门应当及时将省级非物质文化遗产代表性传承人开展传承、传播活动情况报送省人民政府文化和旅游行政部门。

第二十一条 市(州)人民政府文化和旅游行政部门应当根据传习计划,于每年6月30日前对上一年度省级非物质文化遗产代表性传承人义务履行和传习补助经费使用情况进行评估,在广泛征求意见的基础上形成评估报告,报省人民政府文化和旅游行政部门备案。

评估结果作为享有省级非物质文化遗产代表性传承人资格、给予传习补助的主要依据。

第二十二条 省人民政府文化和旅游行政部门按照有关规定,会同有关部门对做出突出贡献的省级非物质文化遗产代表性传承人予以表彰和奖励。

第二十三条 有下列情形之一的,经市(州)人民政府文化和旅游行政部门核实后,省人民政府文化和旅游行政部门取消省级非物质文化遗产代表性传承人资格,并予以公布:

(一)丧失中华人民共和国国籍的;

(二)采取弄虚作假等不正当手段取得代表性传承人资格的;

(三)无正当理由不履行义务,累计两次评估不合格的;

(四)触犯刑律,或者因其他严重违纪违法行为造成重大不良社会影响的；

（五）自愿放弃省级非物质文化遗产代表性传承人资格，并提出书面申请的；

（六）其他应当取消省级非物质文化遗产代表性传承人资格的情形。

第二十四条　省级非物质文化遗产代表性传承人丧失传承能力的，市（州）人民政府文化和旅游行政部门应当及时向省人民政府文化和旅游行政部门报告。省人民政府文化和旅游行政部门应当根据该传承人历年考评情况作出评估，对历年考评均为合格或者在项目传承工作中做出突出贡献的，颁发名誉证书，并从下一年度起停发传习补助经费。

第二十五条　省级非物质文化遗产代表性传承人去世的，市（州）人民政府文化和旅游行政部门可以采取适当方式表示哀悼，组织开展传承人传承事迹宣传报道，并及时将相关情况报省人民政府文化和旅游行政部门。省人民政府文化和旅游行政部门应当及时停发传习补助经费。

第二十六条　市（州）人民政府文化和旅游行政部门可以参照本办法，制定本行政区域内非物质文化遗产代表性传承人的认定与管理办法。

省级机关直属单位省级非物质文化遗产代表性传承人的管理参照本办法相关规定执行。

第二十七条　本办法由四川省文化和旅游厅负责解释。

第二十八条　本办法自 2021 年 1 月 1 日起施行。有效期 5 年。

10. 德阳市绵竹年画保护条例

（2019 年 8 月 28 日经德阳市第八届人民代表大会常务委员会第二十四次会议通过　2019 年 9 月 26 日经四川省第十三届人民代表大会常务委员会第十三次会议批准　德阳市第八届人民代表大会常务委员的公告第 16 号　2019 年 10 月 15 日公布　2020 年 1 月 1 日起施行）

第一章　总　　则

第一条　为了继承和弘扬优秀传统文化，加强对绵竹年画的保护工作，根据《中华人民共和国非物质文化遗产法》《四川省非物质文化遗产条例》等法律法规，结合德阳市实际，制定本条例。

第二条　德阳市行政区域内绵竹年画的保护、传承、传播、利用等活动适用本条例。

第三条　本条例所称绵竹年画即绵竹木版年画，是指根植于绵竹，已列入国家级非物质文化遗产代表性项目名录的传统美术。包括以下资源：

（一）起稿、刻版、印线、施彩、印花、拓墨等传统绵竹年画的特色制作工艺；

（二）用于制作绵竹年画的板材、纸张、颜料、毛笔等传统材料、工具的制作方法以及具有一定代表性的雕版、粉笺纸等相关实物；

（三）采取传统工艺制作的门画、斗方、中堂、条屏、拓片等绵竹年画优秀作品；

（四）反映传统绵竹年画的原始手稿、典籍、民间文学等历史文献资料；

（五）与绵竹年画工艺传承相关的遗址、博物馆、展示馆、工作室、画坊等场所；

(六)其他绵竹年画资源。

第四条 绵竹年画的保护工作应当坚持以下原则:

(一)保护为主、抢救第一、合理利用、传承发展;

(二)政府主导、部门负责、社会参与;

(三)注重真实性、整体性和传承性。

第五条 德阳市、绵竹市人民政府应当加强组织领导,将绵竹年画保护工作纳入本级国民经济和社会发展规划,建立统筹协调机制,制定绵竹年画保护专项规划,设立绵竹年画保护专项资金,并列入本级预算。

本市行政区域内的其他县(市、区)人民政府应当根据实际情况,做好绵竹年画保护工作。

第六条 市、县(市、区)人民政府文化主管部门负责本行政区域内绵竹年画保护工作。

市、县(市、区)人民政府发展改革、教育、财政、市场监管等相关部门在各自职责范围内,负责绵竹年画保护工作。

乡(镇)人民政府、街道办事处协助做好辖区内绵竹年画保护工作。

第二章 保护与传承

第七条 市、县(市、区)人民政府应当根据保护工作需要,组织开展绵竹年画资源调查工作。

市、县(市、区)人民政府文化主管部门负责绵竹年画资源调查工作,全面掌握其种类、数量、分布、存续环境、保护现状等情况,综合运用图片、文字、录音、录像、数字化多媒体等多种方式,进行真实、系统、全面记录,建立档案和数据库,做好保存工作。

第八条 德阳市人民政府应当建立绵竹年画保护目录,成立绵竹年画专家评审委员会，组织开展保护目录评审工作，将体现优秀传统文化，具有历史、文学、艺术、科学价值的绵竹年画资源列入保护目录予以保护。

第九条　绵竹年画保护目录评审工作应当遵循公开公正、科学合理的原则，按照下列程序进行：

（一）公民、法人和其他组织可以向县（市、区）人民政府文化主管部门提出列入绵竹年画保护目录的申请或者建议；

（二）县（市、区）人民政府应当组织对公民、法人和其他组织提出的申请或者建议以及调查发现的本辖区绵竹年画资源进行初审，并向市人民政府文化主管部门提出列入保护目录的推荐意见；

（三）德阳市人民政府文化主管部门应当组织专家评审委员会进行评审，评审结果通过媒体进行公示，征求社会公众意见，公示时间不少于二十日；

（四）德阳市人民政府文化主管部门拟定绵竹年画保护目录，报德阳市人民政府批准后公布。

第十条　市、县（市、区）人民政府文化主管部门应当采取下列措施，对列入保护目录的绵竹年画资源进行保护：

（一）对绵竹年画制作工艺和工具材料制作方法，应当指定代表性传承人运用活态演示、口述实录等方法，采用文字、图片、录音、录像、数字化多媒体等方式进行记录、整理、建档、利用；

（二）对绵竹年画雕版、优秀作品和其他实物，通过向社会征集、购买、接受捐赠等方式依法取得，建立物品清单制度和专门档案，予以妥善保管、展示、研究、交流；

（三）对反映绵竹年画历史文献资料，做好整理、研究、修订、出版工作；

（四）对绵竹年画遗址等场所，应当做好维护、修缮工作；

（五）其他有利于绵竹年画保护的措施。

对绵竹年画资源丰富、自然生态和人文环境良好、社会广泛认同的村、社区等特定区域，市、县（市、区）人民政府文化主管部门应当划定保护范围，实行区域性整体保护。

第十一条 市、县（市、区）人民政府文化主管部门应当依法认定同级绵竹年画保护单位和代表性传承人，做好国家级、省级代表性传承人推荐工作。

对依法认定为国家、省、市级绵竹年画保护单位和代表性传承人的，市、所在地的县（市、区）人民政府应当给予资金补助。

对依法认定的县（市、区）级绵竹年画保护单位和代表性传承人的，所在地的县（市、区）人民政府应当给予资金补助。

第十二条 绵竹年画博物馆等保护单位和代表性传承人应当履行法定的职责和义务，发挥收藏、研究、展示、传承等功能。

市、县（市、区）人民政府文化主管部门应当定期对保护单位、代表性传承人履行职责和义务情况进行检查、评估、考核，实行动态管理。

第十三条 市、县（市、区）人民政府应当采取下列措施，保障和支持绵竹年画保护单位及代表性传承人开展传承活动：

（一）加强绵竹年画保护单位的建设和维护，设立代表性传承人传承场所和教学研究基地；

（二）采取助学、奖学等方式，资助学徒学习技艺；

（三）开展绵竹年画制作技艺讲座、交流、研讨等活动；

（四）参与绵竹年画制作技艺展示、教学实践等社会公益性活动；

（五）支持开展传承活动的其他措施。

第十四条 鼓励和支持公民、法人和其他组织通过下列方式参与绵竹年画的保护工作：

(一)成立研究机构,设立展示和传承场所,举办公益性展示活动,研究、收藏和传承绵竹年画;

(二)整理、翻译、出版绵竹年画原始手稿、典籍、民间文学等历史文献资料;

(三)将其持有的绵竹年画实物和资料捐赠或者委托保护单位进行收藏、保管、展出;

(四)开展志愿服务、资助等活动。

第三章　传播与利用

第十五条　市、县(市、区)人民政府应当加强绵竹年画宣传推广,利用新闻媒体和公共空间宣传展示绵竹年画文化。

第十六条　每年农历十二月二十三日为绵竹年画日。德阳市、绵竹市人民政府应当集中组织开展绵竹年画民俗文化活动。

第十七条　德阳市人民政府教育主管部门应当会同文化主管部门组织编写绵竹年画知识读本。

教育机构应当按照教育主管部门规定将绵竹年画列入教育内容,向学生普及绵竹年画知识。

鼓励和支持高等学校、职业学校设置相关专业和课程,培养绵竹年画人才。

鼓励和支持绵竹年画保护单位、代表性传承人参与绵竹年画知识教育和实践活动。

第十八条　鼓励和支持与绵竹年画有关的文化创意开发,促进绵竹年画资源的综合利用和转化,推动文化旅游产业融合发展。

鼓励和支持绵竹年画企业和个人参加国内外工艺美术、文化艺术博览会等经济文化交流活动。

鼓励和支持公民、法人和其他组织利用绵竹年画元素或者传统技艺研发新品种、新工艺,开发绵竹年画衍生品。

第十九条 德阳市人民政府文化主管部门应当定期举办绵竹年画竞技赛事活动,征集评选绵竹年画优秀作品。

德阳市人民政府文化主管部门可以建立绵竹年画衍生品保护目录,经专家评审委员会评审,将具有重大创新、传播价值的绵竹年画衍生品纳入保护目录予以保护。

第二十条 县(市、区)人民政府可以建立绵竹年画工匠认定制度,对熟练掌握绵竹年画传统制作工艺,研发新品种、新工艺,开发具有较大传播利用价值的绵竹年画衍生品的人员,可以认定为绵竹年画工匠。

对认定为绵竹年画工匠的,所在地的县(市、区)人民政府应当参照代表性传承人的补助标准给予资金补助。

第二十一条 鼓励和支持成立绵竹年画行业组织和市场服务机构,加强行业自律,提供交易平台和市场化服务。

第二十二条 鼓励和引导绵竹年画行业组织、生产企业和公民个人依法申请绵竹年画及衍生品注册商标或者专利,规范使用地理标志证明商标、集体商标,加强知识产权保护,规范生产经营,维护合法权益。

第四章 法律责任

第二十三条 违反本条例规定的行为,法律、法规已有法律责任规定的,从其规定。

第二十四条 违反本条例规定,公民、法人和其他组织在申报绵竹年画保护目录、保护单位或者代表性传承人、绵竹年画工匠过程中弄虚作假的,由文化主管部门责令改正,给予警告;情节严重的,取消其参评资格;已被列入保护目录或者认定为保护单位、代表性传承人、绵竹年画工匠的，予以取消，并责令其退还项目保护经费或者个人补助经费。

第二十五条　侵占、破坏绵竹年画相关资料、实物、建（构）筑物、场所的，尚不构成犯罪的，由文化主管部门责令改正，给予警告，可以并处二千元以上二万元以下罚款；情节严重的，并处二万元以上十万元以下罚款；有违法所得的，没收违法所得。

第二十六条　文化主管部门和其他有关部门、保护工作机构及其工作人员在绵竹年画保护工作中有下列情形之一的，对直接负责的主管人员和其他直接责任人员依法处理：

（一）进行绵竹年画资源调查时不尊重风俗习惯和宗教信仰，造成严重后果的；

（二）违反法定条件和程序评审保护目录、认定保护单位或者代表性传承人、绵竹年画工匠的；

（三）截留、挪用、挤占绵竹年画保护经费的；

（四）玩忽职守、滥用职权、徇私舞弊的。

第五章　附　　则

第二十七条　绵竹年画保护专项资金管理办法、保护目录评审规则、工匠认定办法由德阳市人民政府组织制定。

第二十八条　本条例自 2020 年 1 月 1 日起施行。

11. 绵竹年画保护市级专项资金管理办法

（德文旅发〔2020〕49 号　德阳市文化广播电视和旅游局、德阳市财政局 2020 年 12 月 29 日发布　2021 年 1 月 1 日起施行）

第一章　总　　则

第一条　为进一步规范和加强绵竹年画保护专项资金（以下

简称“专项资金”)管理,提高资金使用效益,推动绵竹年画保护工作,根据《中华人民共和国预算法》《德阳市绵竹年画保护条例》等相关精神,结合我市实际,制定本办法。

第二条 专项资金是指经市政府批准设立,由市级财政安排,用于支持绵竹年画保护、传承、传播、利用等相关事宜的资金。

第三条 专项资金坚持“突出重点、择优扶持、统筹兼顾、公开透明、专款专用、注重绩效”的原则,根据市委、市政府的要求,统筹用于与绵竹年画保护的相关事宜。

第二章 专项资金适用范围

第四条 专项资金重点支持与绵竹年画保护、传承、传播、利用等相关事宜,具体使用范围包括:

(一)市政府根据绵竹年画保护工作需要,组织开展的绵竹年画资源调查、研究、征集、复制、出版等相关保护工作的资金支出。

(二)对依法认定为国家、省、市级绵竹年画保护单位和代表性传承人的资金补助支出,保障和支持绵竹年画保护单位及代表性传承人开展传承活动的资金补助支出。

(三)市政府开展绵竹年画宣传推广活动的资金支出。

(四)鼓励公民、法人和其他组织参与绵竹年画的保护工作,支持与绵竹年画有关的文化创意开发项目的前期引导资金。

第五条 专项资金不得用于:征地拆迁、基本建设、超出绵竹年画保护、传承、传播、利用等支出;各种罚款、捐款、赞助、投资等支出;编制内在职人员工资性支出和离退休人员离退休费支出;偿还债务;法律规定禁止列支的其他支出。

第六条 专项资金的申报和审批

(一)项目补助。专项资金采取后补助方式,按照项目绩效评价和监督检查结果分配资金。项目申报程序,由县(市、区)文化主管部门对本地区绵竹年画保护、传承、传播、利用等项目进行初审,会同同级财政部门上报市级文化主管部门审核,商市财政后报市政府审批。

(二)绩效奖励。对符合传承人和工匠条件的参照有关规定标准给予奖励扶持。对中央和省级已经奖励的传承人和工匠,不再重复奖励。

(三)市政府确定的其他方式。

第三章　专项资金预算和执行

第七条　专项资金的预算

专项资金预算实行总额控制的原则。市级文化主管部门负责项目管理,拟定当年绵竹年画保护、传承、传播、利用等项目资金,与市财政局共同上报市政府审定后下达。

第四章　专项资金的监督管理与绩效评价

第八条　资金使用单位应遵守国家财政、财务规章制度和财经纪律,自觉接受财政、审计、监察等部门的监督监察。

第九条　市级文化主管部门负责对专项资金的使用情况进行日常监督检查,并对项目进行绩效评价。

第十条　有以下情形之一的,不予安排专项资金:

(一)申报事宜存在重大法律纠纷的。

(二)已经获得政府投资或其他财政专项资金补助的。

(三)受补助绵竹年画保护事宜经绩效评价不合格的。

第五章　附　　则

第十一条　绵竹市参照本办法制定本地区绵竹年画保护专项资金管理办法。

第十二条　本办法由市文旅局负责解释。

第十三条　本办法自2021年1月1日起施行,有效期5年。

12. 绵竹年画保护目录评审工作规则

(德文旅发〔2020〕50号　德阳市文化广播电视和旅游局2020年12月29日发布　2021年1月1日起施行)

第一条　为进一步开展和规范绵竹年画保护名录评审工作,根据《德阳市绵竹年画保护条例》,制定本评审工作规则。

第二条　评审工作应当遵循公开公正、科学合理原则。

第三条　绵竹年画保护名录评审按照以下程序进行:

(一)公民、法人和其他组织可以向县(市、区)文化主管部门提出列入绵竹年画保护目录的申请或者建议;

(二)县(市、区)文化主管部门组织对公民、法人和其他组织提出的申请或者建议以及调查发现的本辖区绵竹年画资源进行初审,并报当地县(市、区)政府批准后向市级文化主管部门提出列入保护目录的推荐意见;

(三)市级文化主管部门组织专家评审委员会进行评审,评审结果通过媒体进行公示,征求社会公众意见,公示时间不少于二十日;

(四)市级文化主管部门拟定绵竹年画保护目录,报市政府批准后公布。

第四条 市级文化主管部门设立绵竹年画保护目录工作专家评审委员会(以下简称“评审委员会”),负责对申报绵竹年画保护目录项目进行评审,提出推荐入选名单。

第五条 评审委员会构成。评审委员会设主任委员 1 名,副主任委员 1 名、委员 3 名,秘书长 1 名,实行主任委员负责制,副主任委员协助主任委员开展工作。

主任委员由市级文化主管部门的主要领导担任;副主任委员由市级文化主管部门分管领导担任;委员由市级文化主管部门有关职能科室负责同志、县(市、区)文化主管部门主要领导和相关领域专家组成;秘书长由市文旅局艺术和非遗科负责同志担任。

相关领域的专家将根据每次评审工作需要,随机从相关领域专家库抽选并报主任委员同意后聘任,聘期至该次评审工作完成后自动结束。

绵竹年画保护目录评审委员会办公室设在市文旅局艺术和非遗科,负责评审委员会日常工作。

第六条 评审委员会评审工作程序:

(一)评审委员会由主任委员或委托副主任委员召集会议,介绍申报项目情况,提出评审工作要求。

(二)评审委员会组织专家开展评审工作,专家由专家库随机抽取产生,专家小组成员不少于 5 人。

(三)专家小组根据对应专业,对进入评审程序的绵竹年画资源进行评审,经专家评审小组过半数通过后形成初评意见。

(四)评审委员会对初评意见进行审议,提出绵竹年画保护目录推荐入选名单,推荐入选名单应当经评审委员会成员过半数通过。

(五)市级文化主管部门对评审委员会提出的绵竹年画保护名

录推荐入选名单向社会公示,公示时间不少于20日。公示期内,对公示有异议的项目,经调查核实属实的,取消入选资格。

(六)绵竹年画保护目录推荐入选名单经公示无异议后,报市政府批准后公布。

第七条 入选评审委员会委员应具备以下条件:

(一)热爱文化遗产保护事业,遵纪守法,公正廉洁,具有良好的职业道德;

(二)从事非遗、文博、民俗、文史等相关工作,一般具有中级及以上专业技术职务,实践经验丰富;

(三)专家须以独立身份参加绵竹年画保护目录项目评审工作,并自愿接受市级文化主管部门的监督与管理。

第八条 评审委员会委员应当严格遵循评审工作的回避原则,对直接参与申报文本制作的项目,应主动提出回避;严格遵守保密规定,不得向外界泄露有关评审工作的资料及情况。

凡违反评审工作要求和纪律者,经核实后取消其参与评审工作资格,并从评审委员会和专家库中除名,此后不得参与评审工作。

第九条 本规则由绵竹年画保护目录评审委员会办公室负责解释。

第十条 本规则自2021年1月1日起施行,有效期5年。

13. 绵竹年画工匠评选认定办法

(德文旅发〔2020〕50号 德阳市文化广播电视和旅游局2020年12月29日发布 2021年1月1日起施行)

第一章 总 则

第一条 为弘扬中华优秀传统文化,进一步完善绵竹年画传承体系，培养绵竹年画传承发展人才，根据《德阳市绵竹年画保护条例》的规定，制定本评选认定办法。

第二条　绵竹年画工匠主要是指在绵竹年画传承和发展过程中，熟练掌握绵竹年画传统制作工艺，研发新品种、新工艺，开发具有较大传播利用价值的绵竹年画衍生品的人员。

第三条　绵竹年画工匠评选认定工作在德阳市人民政府领导下，德阳市文化主管部门指导下进行，由绵竹木版年画非遗项目所在地绵竹市人民政府组织开展，由绵竹市文化主管部门具体实施，认定结果报德阳市文化主管部门备案。

第四条　绵竹年画工匠评选认定工作坚持客观公正、公开透明的原则，每三年认定一次，每次评选出来的年画工匠名单在当年年画节上集中发布。

第二章　评选认定对象和条件

第五条　绵竹年画工匠评选认定面向所有中国公民，不受年龄、学历、资历、户籍等限制。

第六条　绵竹年画工匠评选条件

（一）拥护中国共产党领导，自觉遵守宪法和法律，热爱祖国，爱岗敬业，善于创新，甘愿奉献，具备优良的职业道德和职业操守；

（二）师从绵竹木版年画德阳市级及以上代表性传承人学习五年以上，熟练掌握绵竹年画传统制作工艺，具备较高年画创作技能和较深的艺术造诣，在年画专业创作上有所建树，能独立创作，其作品具有独特艺术风格；

（三）在研发新品种、新工艺，开发具有较大传播利用价值的绵竹年画衍生品等方面做出突出贡献，并总结出独特的工艺和方法，产生良好经济效益或社会效益。

第七条　处于违法犯罪处罚期和违纪影响期的个人，不得参加“德阳市绵竹年画工匠”评选。

第三章　评选认定程序

第八条　绵竹年画工匠申报可采取个人申报、单位推荐、行业协会推荐等方式。推荐或者申请的，应当向绵竹市文化主管部门提交下列材料：

（一）申请人姓名、民族、从业时间、从业经历等基本情况；

（二）申请人的传承谱系或师承脉络、学习与实践经历；

（三）申请人所掌握的绵竹木版年画知识和核心技艺、成就及相关的证明材料；

（四）申请人授徒传艺、参与社会公益性活动等情况；

（五）其他有助于说明申请人具有代表性和影响力的材料以及县级文化部门要求提供的其他材料。

第九条　绵竹市文化主管部门组织绵竹年画工匠申报和资格审核。

第十条　专家评审

（一）绵竹市文化主管部门负责组建绵竹年画工匠专家评审认定委员会，制定《绵竹年画工匠评选认定评分细则》，报绵竹市人民政府批准后送德阳市文化主管部门备案；

（二）专家评审认定委员会实行“一评一组建”、“一评一授权”；

（三）专家评审认定委员会按照《绵竹年画工匠评选认定评分细则》对申报对象进行记名打分投票，按照得分高低确定提名候选人建议名单，每批次人数原则上不超过 10 人。

第十一条 社会公示

(一)绵竹市文化主管部门通过网络、报纸等媒体对绵竹年画工匠候选人名单进行社会公示,接受社会监督,公示时间不少于5个工作日;

(二)公示期内,对公示人选有异议,经调查核实属实的,取消评选资格。

第十二条 公示无异议后,由绵竹市文化主管部门予以公布,并报德阳市文化主管部门备案。

后　记

一个民族最深刻的文化记忆是什么？它既可以是口口相传的民间传说，也可以是师徒相授的民间技艺；既可以是音乐，也可以是美术。总之，它既是我们每个人的民族基因，也是我们每个人的精神家园。我们有义务去维护、去发展，这既是编写本书的出发点，也是编写本书的目的。

为编写本书，泰和泰律师事务所组建了强大的律师阵容，泰和泰首席合伙人程守太亲自组建编写组，确定编写方向，协调编写调研；本书编写思路、章节确定及后期统稿由高级合伙人黄春海律师担纲；高级合伙人曾祥坤律师、韩芝康律师组织资料收集、指导章节内容写作；他们与本书全体编写组成员唐竹、谢执胜、刘茂南、王清荷、施乔、张裕杭、严国锐、龚浚杰、周衍等律师通力合作完成本书。

在编写本书的过程中，要特别感谢中共绵竹市委员会、绵竹市人民政府、中共绵竹市委员会政法委员会、绵竹市司法局、绵竹市文化体育广播电视和旅游局、绵竹市市场监督管理局、中国绵竹年画村景区管理委员会、绵竹年画博物馆、绵竹市绵竹年画发展促进会、四川四汇斋年画有限公司等单位对本次调研工作的配合以及资料的提供。在本书的编写中，四川师范大学唐稷尧教授、李明华副教授、王燕莉副教授给予了极大的帮助，还要特别感谢胡光葵、孔祥忠、曾涌等艺术家、企业家对本书的贡献，更要感谢绵竹市司法局的全体工作人员对本书的特别贡献。

2021年10月15日